Joanna Copestick & Meryl Lloyd

Fotografien von **Tom Leighton**

Wohnen mit Farbe

nicolai

Für Brian und John, Hannah, Julia und Rosie

Titel der Originalausgabe: Vital colour
© 1998 der englischen Originalausgabe:
Ryland, Peters & Small
Cavendish House
51–55 Mortimer Street
London W1N 7TD

© 1998 Text: Joanna Copestick und Meryl Lloyd
© 1998 Design und Fotografie: Ryland, Peters & Small
© 1999 der deutschsprachigen Ausgabe: Nicolaische
Verlagsbuchhandlung Beuermann GmbH, Berlin
Alle deutschsprachigen Rechte vorbehalten

Aus dem Englischen von Andrea Honecker

Redaktion und Satz der deutschsprachigen Ausgabe:
Erika Eva Schmitz und Nicole Hardegen, Köln
Druck: Toppan Printing Co., China

ISBN 3-87584-801-2

Titelbild:	Verschiedenfarbige Kästen lassen den Einfluß
	des Lichts auf die Wirkung von Farben erkennen
Umschlagrückseite:	Decken: The Cross (links); Bett, Bettwäsche und
	Tisch: Interiors Bis (oben rechts); Sally Butlers
	Haus in London (Mitte rechts); Tisch: Josephine
	Ryan, Lampe: Valerie Wade, Bild: Zoë Hope
	(unten rechts)

Inhalt

Einführung: Warum Farbe?

»Farbe ist ein Grundbedürfnis des Menschen ... ein lebenswichtiger Rohstoff wie Feuer und Wasser.« *Fernand Léger,* MALER

Farbe ist eine Universalsprache. Farbe regt die Sinne an, prägt Kulturen und bildet die Kulisse für unsere Welt. Farbe wird mit Musik, Natur und bestimmten Persönlichkeitsmerkmalen in Zusammenhang gebracht; verglichen mit anderen Gestaltungsmitteln hat die Farbe für den Menschen die größte Bedeutung. Farbe beeinflußt die Stimmung, schafft Atmosphäre und bietet ein weites Betätigungsfeld für unsere Kreativität.

Nie war Farbe so frei verfügbar wie heute. Früher war man durch die hohen Preise und das begrenzte Vorkommen von Pigmenten und Färbestoffen in der Farbwahl eingeschränkt, heute ist Farbe allgegenwärtig: in lebhaften Tönen oder als greller Akzent – auf jeder erdenklichen Oberfläche. Dieses Buch ist eine Antwort auf die Farbüberfrachtung der letzten Jahre. Es untersucht das Wesen von Farbe und macht sich für eine Rückkehr zu den leiseren Tönen stark. Es erklärt, wie Farben miteinander agieren, und gibt Tips, wie man warme, weiche mit tiefen, satten oder kühlen, kraftvollen Tönen kombinieren kann, um eine angenehme Atmosphäre zu schaffen. ›Wohnen mit Farbe‹ ist ein visueller Lobgesang auf jene Farben, die den Zeitgeist einfangen und dennoch in jeder Umgebung wirken.

Farbe zählt zu den großen Reichtümern des Lebens. Wenn Sie sich mit Ihrer ganz persönlichen Farbpalette umgeben, schaffen Sie eine Oase der Ruhe jenseits des Alltagsgetümmels. Durch eine interessante Kombination von Farbe, Material und Proportion wird jeder Raum einladend und lebendig. Dazu ist es nicht notwendig, die Wände großflächig mit grellen, intensiven Farben zu tränken. Vorhänge, Kissen oder Lampen in der richtigen Farbe können ebenso wirkungsvoll sein wie eine smaragdgrün gestrichene Wand.

Um Ihnen die Farbauswahl zu erleichtern, macht Sie das Buch zunächst mit den Grundlagen von Farbe und Licht, Struktur, Materialien und Proportionen vertraut, bevor es sich anhand von über 25 faszinierenden Farbarrangements fünf zentralen Farbgruppen zuwendet: Leinen, Papier und Kordel; Schokolade, Bernstein und Silber; Eiscreme, Sorbet und Biscotti; Himmel, Meer und Treibholz; Rotwein und Rosen.

Jeder Farbgruppe liegt eine Collage mit Lieblingsbildern und bevorzugten Materialien der Autorinnen zugrunde. Auch Sie können Ihr eigenes Farbtagebuch anlegen. Jedesmal, wenn Sie ein Stück Stoff, ein Blatt oder eine Blüte, einen Farbsplitter oder ein Bild finden, das Ihnen besonders gut gefällt, kleben Sie es in das Buch. Teilen Sie es in Kapitel ein, zum Beispiel Farbgruppen, Räume, Objekte, Orte, Stoffe oder Jahreszeiten, und ergänzen Sie es nach und nach. Es wird interessant für Sie sein, festzustellen, was Sie intuitiv anspricht. Auch wenn wir uns in diesem Buch vorwiegend mit der Farbe als solcher und weniger mit Mustern beschäftigen, sind Bilder eine ideale Quelle der Inspiration. Legen Sie Ihr eigenes Farblexikon an, und finden Sie heraus, welche Farben Sie lieben und warum Sie sie lieben – Sie dürfen gespannt sein!

Reine Farbe

»Farbe gehört zu unserem Sein. Vielleicht hat jeder von uns seine eigene.« *Le Corbusier*

Farbenlehre

F arben auszuwählen und die Wohnung damit zu verschönern ist eine lohnende Erfahrung, hat man erst einmal entdeckt, was man mit verschiedenen Tönen erreichen kann. Wie wir auf eine Farbe reagieren, sagt sehr viel über unsere Gefühle und Stimmungen aus. Wer sich mit der Wirkung von Farben auf Räume und Gegenstände beschäftigt, wird bald wissen, mit welchen Farbtönen er sich am wohlsten fühlt.

Die Macht der Farbe

Überlegen Sie einmal, was Sie an Ihrem Lieblingsobjekt eigentlich so sehr berührt. Ist es die Art, wie sich das Licht auf seiner Oberfläche bricht, das Zusammenspiel zweier gegensätzlicher Farben oder die Kombination von Nuancen einer einzigen Farbe? Hinsehen und immer wieder hinsehen ist der einzige Weg, um ein Gespür für Farbe zu entwickeln und dafür, wie sie funktioniert. Farbe ist etwas sehr Persönliches. So kann das, was für den einen Purpurrot ist, für den anderen Tiefblau sein.

Die Farbpsychologie und die Frage, warum manche Menschen bestimmte Farbtöne bevorzugen, sind Dauerbrenner der Forschung. ›Farbgurus‹ wie der Bauhaus-Lehrer Johannes Itten und der Wissenschaftler und Farbberater Faber Birren entwickelten verschiedene Theorien, die allesamt auf Isaac Newton zurückgehen. Birrens Forschungsarbeit sorgte dafür, daß die Wirkung von Farbe in unserem Alltag stärker beachtet wurde, und brachte Werbefachleute zu der Erkenntnis, daß bestimmte Farben verkaufsfördernder sind als andere. Tatsächlich ist Farbe immer und überall vorhanden und nimmt entscheidenden Einfluß auf unsere Sicht der Dinge.

Der Farbkreis

Wann immer das Phänomen Farbe untersucht wird, ist auch vom Farbkreis die Rede. Es war Isaac Newton, der entdeckte, daß weißes Licht, wenn es durch ein Prisma fällt, in die Farben des Spektrums zerlegt wird. Jede Spektralfarbe – Rot, Orange, Gelb, Grün, Blau, Dunkelblau und Violett – hat eine spezifische Wellenlänge. Das menschliche Auge sieht unterschiedliche Farben, je nachdem, welche Wellenlängen von der Oberfläche eines Objekts reflektiert werden. So erscheint beispielsweise ein Stuhl blau, weil er sämtliche Wellenlängen des Lichts außer der von Blau absorbiert. Um seine Entdeckung verständlich zu machen, erfand Newton seinen Farbkreis und schuf damit die Grundlage für zahlreiche Farbkreismodelle nachfolgender Theoretiker. Der wohl bekannteste Farbkreis geht auf Johannes Itten zurück, der einen Kreis mit Abschnitten in den Primär-, Sekundär- und Tertiärfarben bildete, um die wechselseitigen Beziehungen der Farben zu veranschaulichen. Der Farbkreis verbindet die Farben erster Ordnung, Rot, Blau und Gelb, mit den Farben zweiter Ordnung, Violett, Orange und Grün, und den Farben dritter Ordnung. Letztere entstehen aus der Mischung einer Farbe erster Ordnung mit einer benachbarten Farbe zweiter Ordnung: Mischt man beispielsweise Gelb und Grün, erhält man Gelbgrün. Der klassische Farbkreis umfaßt sechs Farben dritter Ordnung: Rotviolett, Rotorange, Gelborange, Gelbgrün, Blaugrün und Blauviolett. Die Anordnung von Farben in einer Kreisformation zeigt, wie eine Grundfarbe über mehrere Abstufungen in die nächste Grundfarbe übergeht. Die meisten Farben, die für das menschliche Auge sichtbar sind, kann man aus den drei Grundfarben Rot, Blau und Gelb in

Die Anordnung von Farben in einem Kreis zeigt, wie eine Grundfarbe über mehrere Abstufungen in die nächste übergeht

Links **Komplementärfarben sind die Farben, die im Farbkreis einander direkt gegenüberliegen. Eine Kombination von Komplementärfarben steigert die Leuchtkraft beider Farben. Hier wird der leuchtende Ton der Orangen durch das blaue Seidenpapier noch verstärkt.**

verschiedenen Abstufungen und Tonwerten gewinnen, umgekehrt ist es nicht möglich, aus anderen Farben eine Grundfarbe zu mischen. Das menschliche Auge vermag unter guten Lichtbedingungen bis zu zehn Millionen Farben zu unterscheiden.

Als Komplementärfarben bezeichnet man die Farben, die sich im Farbkreis diametral gegenüberliegen, wie Rot und Grün, Blau und Orange oder Gelb und Violett. Sie bilden die kraftvollsten Farbkombinationen überhaupt, da sie sich durch den starken Kontrast gegenseitig zu höchster Leuchtkraft steigern. Es ist jedoch nicht nur wichtig zu sehen, wie sich die Farben im Farbkreis zueinander verhalten, sondern auch wie die einzelnen Farben variieren. Jede Farbe besitzt verschiedene Schattierungen und Töne, die ihr eine bestimmte Farbtendenz verleihen. Blau zum Beispiel erscheint je nach Intensität eher grün oder violett, und die Farbe Orange kippt an einem Ende ihres Spektrums ins Braune. Daher wirken Farbkombinationen, die theoretisch funktionieren müßten, manchmal disharmonisch. Farben, die zwischen zwei Grundfarben im Farbkreis nebeneinander liegen, bezeichnet man als harmonisch. Häufig passen sie gut zusammen, da ihre natürliche Farbtendenz im Farbkreis auf derselben Farbe zweiter Ordnung aufbaut. Harmonische Farbenpaare, die eine Grundfarbe einschließen, wie Gelb und Orange oder Gelb und Lindgrün können aber für das Auge unangenehm sein. Generell gilt, daß man immer eine Farbe aussuchen sollte, die einige Nuancen heller ist als der gewünschte Ton. Die Farbe wird auf einer großen Wandfläche unweigerlich dunkler aussehen.

Farben mischen

Man kann unzählige Tonabstufungen gewinnen, indem man verschiedene Mengen der zwölf Hauptfarben mischt. Während zwei Komplementärfarben nebeneinander einen in seiner Wirkung nicht mehr zu steigernden Farbkontrast bilden, ergeben sie miteinander gemischt lediglich ein trübes Grau. Den Grad, in dem zwei Komplementärfarben zusammen Grau ergeben, bezeichnet man als Sättigungsgrad oder Intensität. In seinem reinsten Zustand, also bei maximaler Sättigung, ist Rot ein kräftiges Scharlachrot. Zum anderen Ende der Skala hin wird es immer neutraler und erreicht schließlich das trübe Grau im Zentrum des Kreises, seinen niedrigsten Sättigungsgrad.

Der Tonwert bezieht sich auf die Helligkeit oder Dunkelheit einer Farbe und kann durch Hinzufügen von Schwarz oder Weiß verändert werden. Mischt man zwei Farbpigmente derselben Intensität oder Wertigkeit miteinander, ist das Ergebnis eine dunklere Farbe, da durch die Kombination der Werte mehr Wellenlängen absorbiert werden. Dieser Vorgang wird als subtraktive Farbmischung bezeichnet, weil das von der Oberfläche reflektierte Licht von den Farbpigmenten subtrahiert bzw. reduziert wird. Von additiver Farbmischung spricht man, wenn zwei Schattierungen einer Grundfarbe zu einem dritten Farbton gemischt werden. Blau und Gelb ergeben zum Beispiel Grün, wobei das Grün je nach Ton und Sättigung der Ausgangsfarben von einem leuchtenden Lindgrün bis zu einem tiefen Apfelgrün variiert werden kann.

Links **Magentafarbene Tulpenblüten an apfelgrünen Stielen versprühen Vitalität und Kraft. Eine Vase mit frischen Blumen bringt einen hübschen Farbtupfer in dezent gestaltete Räume.**
Rechts **Die zart geäderten Stiefmütterchen sind ein Beispiel für die vielfältigen Farbkompositionen, die man in der Natur findet.**

Schwarz
und Weiß

Es wird immer wieder diskutiert, ob Schwarz und Weiß echte Farben sind. Ein Gegenstand sieht schwarz aus, wenn alle Wellenlängen des Spektrums von seiner Oberfläche absorbiert werden. Er erscheint weiß, wenn sämtliche Wellenlängen von der Oberfläche reflektiert werden. Schwarz und Weiß bilden eine klassisches Duo: schick, sauber und grafisch – zurückhaltend und auffällig zugleich. Man denke nur an schwarze Lettern auf weißem Papier, an Zebrastreifen und an schwarz-weiße Kleidung. In der Skala zwischen Schwarz und Weiß findet man Töne wie Perlgrau, Anthrazit und Stahlgrau. Grau ist die neutrale Farbe schlechthin. Grau bringt alle anderen Farbtöne ins Gleichgewicht, benachbarte Farben werden weder in ihrer Leuchtkraft verstärkt noch gedämpft. Mischt man zwei Komplementärfarben mit demselben Valeur miteinander, entsteht ebenfalls Grau. Streichen Sie Ihren Boden grau, und Sie gewinnen eine neutrale Basis für die weitere Raumgestaltung. Grau bildet auch eine gute Brücke zwischen zwei kräftigen Farben.

Schwarz und Weiß verleihen bestimmten Farben eine Tonalität. Mischt man Schwarz mit Rot, ist das Ergebnis ein dunkles Braun; mit Weiß abgetönt hingegen entstehen immer hellere Rottöne von Mohnrot am einen Ende der Skala bis zu Zartrosa am anderen. Beim Mischen eines helleren Farbtons sollten Sie als Ausgangsbasis einen kräftigen Ton verwenden, da Sie ansonsten lediglich ein schwach pigmentiertes Weiß erhalten, also einen faden Pastellton.

Kre

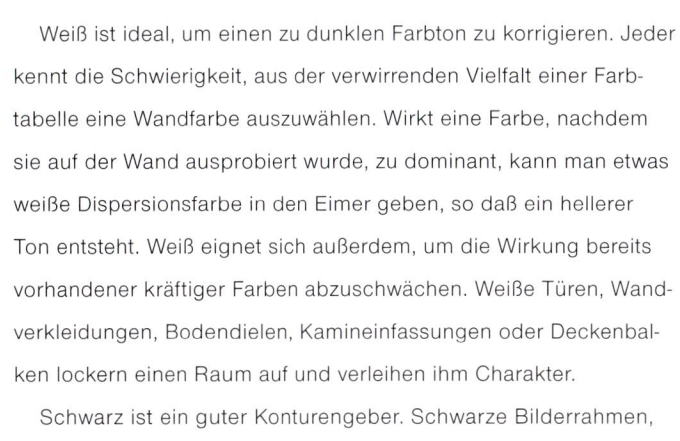

Weiß ist ideal, um einen zu dunklen Farbton zu korrigieren. Jeder kennt die Schwierigkeit, aus der verwirrenden Vielfalt einer Farbtabelle eine Wandfarbe auszuwählen. Wirkt eine Farbe, nachdem sie auf der Wand ausprobiert wurde, zu dominant, kann man etwas weiße Dispersionsfarbe in den Eimer geben, so daß ein hellerer Ton entsteht. Weiß eignet sich außerdem, um die Wirkung bereits vorhandener kräftiger Farben abzuschwächen. Weiße Türen, Wandverkleidungen, Bodendielen, Kamineinfassungen oder Deckenbalken lockern einen Raum auf und verleihen ihm Charakter.

Schwarz ist ein guter Konturengeber. Schwarze Bilderrahmen, Regale, Bordüren oder Fußleisten wirken grafisch und elegant zugleich. Im Empire-Stil des 18. Jahrhunderts beispielsweise wurde Schwarz oft auf weißem Grund eingesetzt. Am besten verwendet man Schwarz wohldosiert für Accessoires, Möbel und architektonische Details.

Anhand von Schwarz und Weiß läßt sich die Bedeutung der Helligkeit von Farbe erklären. Betrachtet man etwa die verschiedenen Blauabstufungen – von dunklem Indigo bis zu hellem Himmelblau –, braucht man sich nur die Skala von Schwarz und Weiß vorzustellen, um den unterschiedlichen Sättigungsgrad zwischen dem einen Ende des Spektrums und dem anderen zu erkennen. Bei Farbe geht es immer sowohl um die Intensität wie auch um die Schattierung.

ide, Stahl, Kohle

Links **Ein Stapel Kissen aus so sinnlichen Materialien wie Leder, Velours und Samt veranschaulicht die Vielfalt der Töne im monochromen Spektrum. Zwischen Weiß und Schwarz liegt eine Reihe zarter Zwischentöne wie Stahlgrau und Elfenbein.**

Inspiration Natur

Strukturen und Farben, die in der Natur vorkommen, sind oft faszinierender als künstlich hergestellte. Man denke nur an die bunt schillernden Schuppen einer Forelle, die bizarren Farben und Formen von Austern oder an ein durchscheinendes lindgrünes Kirschbaumblatt.

Ein Farbkonzept, das auf neutralen Tönen basiert, erzeugt immer eine ruhige, sachliche Atmosphäre, die mit unterschiedlichen Oberflächen sowie Grau-, Schwarz- und Weißtönen angereichert werden

kann. Die Natur bringt auch eine Fülle kräftiger Farben hervor, die in ihrem Zusammenspiel wie eine einzige Farbe wirken. So erscheint eine Feige auf den ersten Blick dunkelviolett, bei näherer Betrachtung erkennt man jedoch ein Konglomerat aus Lindgrün, Hellviolett und Anthrazit.

Objekte aus der Natur bilden sehr oft den Ausgangspunkt für ein Farbkonzept, beispielsweise eine Sammlung von Kieselsteinen oder Muscheln, die man am Strand gefunden hat und in einer Holzschale

oder einem Glas aufbewahrt. Möglicherweise führt die Fülle von Grüntönen eines Artischockenblatts zu der Idee, in einem Raum mit den verschiedenen Nuancen einer einzigen Farbe zu experimentieren. Bei der Farbwahl von einem Fundstück aus der Natur, einem Fetzen Stoff oder einer Porzellanscherbe auszugehen, ist vielleicht der beste Weg zu einem Farbkonzept, das wirklich zu einem paßt. Hier ist das persönliche Buch mit Lieblingsbildern von unschätzbarem Wert. Mit Hilfe eines visuellen Verzeichnisses jener Dinge in der Natur, die einen inspiriert und bewegt haben, fällt die Erstellung eines Farbkonzepts schon viel leichter.

Manchmal ergeben Farben, die sich nicht genau benennen lassen, Kombinationen von großer Faszination. Brot, Kandis und Meersalz zum Beispiel weisen Schattierungen und Nuancen auf, die man mit Wasser- oder Ölfarbe nur schwer einfangen könnte. Durch Nachahmung von Farbkompositionen aus der Natur kön-

nen Sie Farbarrangements finden, die in sich stimmig und glaubwürdig sind.

Die Textur von Gegenständen ist eine weitere Quelle der Inspiration: Matter, glatter Stein oder die elegante Rundung einer Glasperle kontrastieren mit der zerfurchten Oberfläche einer Walnuß oder der zersplitterten Kante von verwittertem Treibholz. Das Nebeneinander solcher optischen Gegensätze ergibt ein beeindruckendes Szenario, in das der Mensch nicht eingreifen sollte.

Von links nach rechts **Die tropischen Muscheln sehen aus wie aufgerolltes, zu Stein gewordenes Pergamentpapier. Die pomponartige Viburnum-Blüte, die aus unzähligen Einzelblüten besteht, ist in ein zartes Lindgrün** getaucht. **Zuckerwürfel haben eine zerklüftete Struktur, in der sich das Licht tausendfach bricht. Diese Anemone mit ihrer feinen Farbkomposition aus Sorbetrosa und Schwarz besitzt ihre eigene Farbharmonie.**

»Die richtigen Farben sind wie eine ruhige Musik, die falschen Farben irritieren und stören.« *Louis Cheskin*

Die Sprache der Farben

Farbe
und Textur

Textur ist die geheime Zutat, die Farbe zum Leben erweckt. Tatsächlich entfalten manche Farben ihr wahres Potential erst in einer glücklichen Verbindung mit einem bestimmten Material. Beliebte Kombinationen sind etwa weißes Leinen und schwarzes Leder. Der Mensch nimmt Textur auf zweierlei Art wahr: Er bemerkt die Wirkung des Lichts auf einer bestimmten Oberfläche – sei sie glänzend, matt, opak, glatt oder rauh –, und er kann die Textur über den Tastsinn erfassen. Streicht man mit der Hand zum Beispiel über einen elfenbeinfarbenen Vorhang, stellt sich vielleicht heraus, daß er aus einer schweren Moiréseide gefertigt ist, die dem Elfenbeinton Leuchtkraft und Tiefe verleiht. Je einfacher die Struktur, um so beeindruckender ihre Wirkung. Aufwendige Muster haben ihre eigenen Gesetze. Einfarbige Flächen und ein klarer Stil lassen der Struktur mehr Entfaltungsspielraum.

Die richtige Balance zwischen harten und weichen Texturen ist der Schlüssel zur Atmosphäre eines Raumes. Ein ganz in Weiß gehaltenes Schlafzimmer braucht den ›wärmenden‹ Effekt eines honigfarbenen Parkettbodens oder Teppichs oder den matten Schein von Linoleum, Kork oder Stein. Die Mischung von Texturen und Farben macht den eigentlichen Zauber eines Raums aus.

Alle Abbildungen **Objekte mit interessanter Struktur und Farbe zu betrachten kann bei der Farbwahl eine große Hilfe sein.**

Oft ist es die Struktur eines Gegenstands, die einer Farbe Tiefe verleiht und die Farbwahl maßgeblich beeinflußt.

Farbe und Licht

Natürliches Licht ist eines der wirkungsvollsten Gestaltungselemente. Dieser ehemalige Industriebau inmitten einer Stadt wurde in ein luftiges Loft verwandelt, in dem ein Minimum an Möbeln ausreicht, um die architektonischen Linien und interessanten Schattenwirkungen abzurunden. Um am Abend die Atmosphäre des Gebäudes zu unterstreichen, kombiniert man am besten verschiedene Leuchtmittel. Halogenstrahler, Glühlampen und Leuchtstoffröhren ergänzen sich zu einem lichttechnischen Gesamtkonzept.

Die Fähigkeit des Lichts, den Charakter von Räumen zu verändern, macht es zu einem bedeutsamen Gestaltungsmittel. Licht wird häufig unterschätzt, obwohl es die Wirkung von Farben ebenso verschlechtern wie verbessern kann. Bevor man sich für einen Farbton oder Stoff entscheidet, sollte man ihn zu verschiedenen Tageszeiten bei natürlichem Licht betrachten und später im gleichen Raum bei künstlicher Beleuchtung. Einige Farben wie Flieder oder Terrakotta variieren je nach Lichtverhältnissen sehr stark.

Helles Tageslicht ist das ›ehrlichste‹ Licht für Dekorationszwecke, gefolgt von Halogenlicht, das die Eigenschaften von natürlichem Licht am besten imitiert. Das Licht von Glühbirnen hat einen Stich ins Gelborange, während Leuchtstoffröhren ein hartes, bläuliches Licht abgeben. Selbst natürliches Licht variiert je nach Tageszeit: Wenn morgens die Sonne aufgeht, ist es rosafarben, mittags eher gelb und in der Dämmerung rötlich. Auch die Jahreszeiten und geografischen Besonderheiten beeinflussen das Tageslicht.

Eine weiße Zimmerdecke reflektiert 10 bis 15 Prozent mehr Licht als eine Decke in einer anderen Farbe. Es ist also wichtig, Decken und Böden bei der Dekoration eines Raums zu berücksichtigen. In der Regel wählt man für Fußböden einen neutralen Ton, um das Auge nicht zu sehr abzulenken. Eine helle Decke vermittelt das Gefühl von Höhe und Platz, und das Auge kann sich voll und ganz auf die Wände, die Farbe und die Einrichtung konzentrieren.

Jahreszeitlich bedingte Unterschiede spielen ebenfalls eine Rolle. Ebenso wie eine Landschaft in der Sommersonne anders aussieht als unter einem Herbsthimmel, variieren auch die Innenräume. Das Auge verfügt jedoch über ein eingebautes Regulativ. Wirkt eine Schale mit roten Äpfeln in einem bestimmten Licht beispielsweise leicht bläulich, kompensiert das Auge den ›Fehler‹, indem es die umliegenden Farben dezent ›umtönt‹, so daß sie in einem neuen, leicht veränderten Spektrum harmonieren.

Überlegen Sie, wie und wann Sie einen Raum benutzen, bevor Sie sich für eine Farbe entscheiden. Ein Wohnzimmer, das nach Süden

Oben **Bevor man sich für ein Farbkonzept entscheidet, sollte man mehrere Töne auf die Wand auftragen und bei unterschiedlichem Licht betrachten. Manche Farben wie Lila und Rot verändern sich sehr stark, je nachdem, ob sie Sonnenlicht oder künstlichem Licht ausgesetzt sind.**

Rechts **Ein Farbfleck offenbart nicht die Schattierungen einer Farbe. Will man die Raumwirkung einer Farbe überprüfen, sollte man sie auf Boden und Seitenteile eines kleinen Kastens auftragen. Die Leuchtkraft jeder Farbe verändert sich je nach Flächengröße und Untergrund.**

ausgerichtet ist, kann einen dunkleren Farbton verkraften als ein Nordzimmer. In einem Raum mit wenigen Fenstern und vorwiegend künstlichen Lichtquellen empfiehlt sich eine Farbe, die auch im Schein einer Lampe gut aussieht. Im Licht der Glühbirne verblassen helle Gelbtöne, während Terrakottatöne ins Orange, ein mittleres Grün ins Gelbgrüne und Violett ins Braune geht; ein kräftiges Rot erscheint im Licht der Glühlampe leicht orange, in jenem der Leuchtstoffröhre hingegen eher magentafarben. Gelb-, Grün- und Cremetöne eignen sich, um düstere Räume aufzuhellen.

Farbe und Proportion

Die Möglichkeit, Form und Größe eines Raums durch eine besondere Farbgebung hervorzuheben, ist für viele Leute, die zum ersten Mal mit Farbe experimentieren, eine echte Offenbarung. Es gibt zwar bestimmte Regeln für die Verwendung von Farben, aber professionelle Innenarchitekten durchbrechen diese oft und finden Lösungen, die trotzdem funktionieren. Bevor Sie mit der Gestaltung eines Raums beginnen, sollten Sie seine Dimensionen und architektonischen Besonderheiten näher betrachten und entscheiden, welche Elemente sie betonen oder kaschieren wollen. Unterstreichen Sie mit Ihrer Farbwahl die Vorzüge eines Raums – Deckenhöhe, Lichteinfall oder ein ungewöhnliches Bauelement. In winzigen Zimmern, bei niedrigen Decken oder wenig Lichteinfall kann die richtige Farbe ein kleines Wunder vollbringen.

In einer dunklen Farbe, zum Beispiel Weinrot, gestrichene Wände begrenzen einen Raum und lassen ihn kleiner erscheinen, gleichzeitig wirkt er gemütlicher. Weitere dominante Farben sind Orange, Braun und leuchtendes Gelb. Ausschließlich für den Deckenanstrich verwendet, lassen sie einen hohen Raum großzügiger und die Decke niedriger erscheinen. Ein dunkler Boden unterstreicht diesen Effekt noch. Jede dunkle Farbe eignet sich, um die Größe eines Raums optisch zu reduzieren, ähnlich wie schwarze Kleidung stets der Figur schmeichelt. Zu bedenken ist auch, daß einfarbige Flächen einen Raum größer wirken lassen als gemusterte.

Blau, Grün und Weiß sowie helle Töne im allgemeinen sind ideal, wenn man ein Gefühl von Weite erzeugen will. Obwohl Blau als kalte Farbe gilt, die mit Vorsicht zu genießen ist, können dunkelblaue Wände so behaglich und einladend sein wie dunkelrote, vorausgesetzt, man wählt den passenden Ton und der Raum ist gut beleuchtet. Ein heller Wandanstrich läßt einen schmalen Raum breiter wirken. Ein heller Boden macht einen Raum luftiger und freundlicher, und helle Decken scheinen ihn nach oben hin zu öffnen. Traditionelle Einrichtungsregeln besagen, daß Böden und

Farben verkleinern oder vergrößern, betonen oder kaschieren – je nachdem, in welchem Maße sie eingesetzt werden.

Rechts **Das Auge spielt dem Gehirn einen Streich, wenn man bestimmte Farben zusammen betrachtet. Ein klassischer Test zeigt, wie unterschiedlich man Größe und Intensität desselben roten Quadrats je nach Umgebungsfarbe wahrnimmt. In einem Meer aus Weiß erscheint das rote Quadrat Karmesinrot. Je mehr der umgebende Farbton jedoch von Grau zu Schwarz tendiert, um so mehr nimmt die Farbintensität des Quadrats zu, bis es schließlich scharlachrot erscheint. Diese optische Täuschung kann man sich bei der Raumgestaltung zunutze machen, beispielsweise indem man durch geschickte Wahl der Hintergrundfarbe die Aufmerksamkeit auf einen Gegenstand lenkt.**
S. 29 **Hier wurden helle und dunkle Farben äußerst wirkungsvoll kombiniert.**

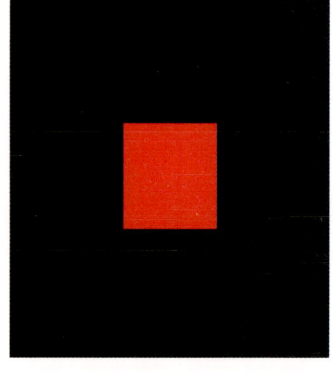
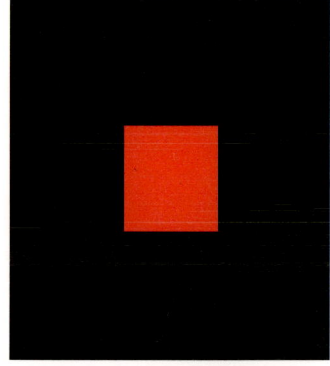

Decken entweder neutral oder dunkel sein sollten, um den visuellen Akzent auf Wände und Möbel zu legen.

Für den Deckenanstrich sollten dunkle Farben nur mit Bedacht verwendet werden – ein weißes Zimmer mit weißen Bodendielen und einer dunkelblau gestrichenen Decke wirkt großzügig, aber auch etwas düster, so als stünde hoch oben stets der Nachthimmel. Der Tonwert einer Farbe ist von zentraler Bedeutung, wenn man die Raumproportionen optisch verschieben will. Während Blau und Grün als kalte Farben gelten, die eine kühle Atmosphäre schaffen, kann ein kräftiges Türkisblau so warm wirken wie ein zartes Terrakotta. Ein heller Farbton jedoch verbreitet in jedem Fall weniger Flair.

Monochrome Farbanstriche bieten einen Ruhepol für das Auge und tragen zur Definition eines Raums bei. Durch die Kombination mehrerer monochromer Farben lassen sich große Wandflächen aufbrechen. So macht sich ein roter Farbanstrich über einer weißen Wandverkleidung sehr gut.

Farbe kann noch mehr, als die Größe eines Raums optisch zu verändern: Sie ist ideal, um vereinzelte Akzente zu setzen. Ein Strauß weißer Ranunkeln vor einer lila Wand oder leuchtend rote Tulpen vor einer weißen Wand – das Prinzip ist dasselbe, die Wirkung jedoch eine völlig andere. Mit eingestreuten Farbtupfern in Form von Kissen, Vorhängen, Blumen oder Bildern kann man ein Farbkonzept in eine bestimmte Richtung lenken oder erfrischende Farbkontraste setzen. In einem großen Raum mit vielen Nischen oder in einem offenen Raum, in dem die Wohnbereiche ineinander übergehen, fungiert Farbe als definierendes Element und markiert die räumlichen Übergänge. Ebenso können Gegenstände von einer bestimmten Farbe, auf dem Kaminsims oder auf einem Tisch plaziert, die Proportionen eines Raums verändern.

Licht, Textur, Material, Größe und Proportion sind wesentliche Aspekte der Farbgestaltung

Mit Farbe gestalten

Dezente Farben schaffen eine
ruhige Kulisse für unseren Alltag

Leinen, Papier &Kordel

Arrangements von Weiß auf Weiß faszinieren uns immer wieder – und das ist nur allzu verständlich. Mit ihrer Reinheit, Schlichtheit und Ruhe erscheint die Palette neutraler Weißtöne als die sicherste und zugleich raffinierteste des gesamten Spektrums. Das A und O der Dekoration mit kühlen, neutralen Tönen ist eine ausgewogene Kombination der Farbe Weiß mit anderen Materialien und Texturen. Damit jedoch das Ganze nicht zu einer faden Eintönigkeit gerinnt, sondern eine harmonische Einheit bildet, müssen die richtigen Texturen und Farbtöne aus der Palette zusammengestellt werden, die die Natur für uns bereithält. Ein Raum, in dem Stoffe, Wände und Boden eine Vielfalt an Strukturen aufweisen, bietet dem Auge optische Reize und verhindert ein farbliches Einerlei. Benutzen Sie Weiß, um die richtige Grundstimmung in einem Raum zu erzeugen, und krönen Sie Ihr Werk dann mit dunkleren Accessoires.

Leinen steht für Luxus, Papier für Einfachheit und Kordel für Struktur

Reines Weiß ist eine Seltenheit. Je nach Lichtsituation entsteht unweigerlich eine feine Farbnuance, da Weiß im Grunde alle Farben des Spektrums kombiniert, ohne Licht zu absorbieren. Je nach Umgebung und Eigenschaft der Farbe bekommt Weiß einen Stich ins Blaue, Rosafarbene, Rote, Grüne, Gelbe, Braune oder Graue.

Die Suche nach dem geeigneten Weiß gestaltet sich oft äußerst schwierig, da heutzutage zahllose Varianten erhältlich sind. Das einstige schmutzige Weiß aus natürlichen Pigmenten wurde 1919 nach der Erfindung von Titandioxyd durch ein leuchtendes Weiß abgelöst. Schon bald wurde die reinste aller Farben von der Moderne vereinnahmt: Weiß wurde zum Markenzeichen von Architekten wie Le Corbusier und Charles Rennie Mackintosh sowie Innenausstattern wie Syrie Maugham. Leuchtendes Weiß kann wunderbar schimmern, aber auch kompromißlos kühl wirken. In warmen Klimazonen bringt es Kühlung, in kalten aufmunternde Helligkeit. Aber Vorsicht: Dem Charakter des Nordens schmeichelt ein gebrochenes Weiß oft mehr als die reine Farbe! Denn in Räumen, die nicht lichtdurchflutet sind, wirkt ein leuchtendes Weiß mitunter zu hart und kühl.

Weiß schafft ein und Licht, Ruhe

Weiß ist jedoch unbestritten der Inbegriff von Luxus. Es schafft stets eine friedliche Atmosphäre im Raum und bildet einen klaren Hintergrund für Farben und Oberflächen. Im Zusammenspiel mit Mobiliar, Bildern, Wandfarbe und Stoffen entsteht ein Farbopus, das sehr präsent und doch schwer zu fassen ist.

Seit jeher verbindet man mit Weiß Reinheit und Frieden, Einfachheit und Romantik. Für Weiß stehen einfache Dinge wie Brautkleider, Milch, Schnee und duftende Lilien. Aber denken Sie auch an Vorhänge aus ungebleichter Baumwolle, an zarte Spitze und bestickte Decken, an die Textur von frisch gestärktem weißem Leinen, an die Lichtdurchlässigkeit von Musselin, die Makellosig-

Weiß existiert immer und überall. Es saugt alle anderen Farben auf, bis es die ihm ureigene Makellosigkeit erlangt

keit von weißgestrichenem Holzwerk und die wohlige Wärme von Schafwolle. Die beruhigende Wirkung dieser neutralen Töne ist so stark, daß sich viele Innenausstatter ihrer bedienen, um nach einem langen Arbeitstag voller Farben, Muster und Materialien zu

Die Textur von frisch gestärktem Leinen

Hause eine Oase der Ruhe und Klarheit vorzufinden. Wie keine andere Farbe eignet sich Weiß dazu, die Gedanken zu ordnen und den Geist zu beruhigen.

Wann ist Weiß die richtige Wahl? In der Regel wird Weiß verwendet, um ein Gefühl von Weite zu schaffen, also um kleine Zimmer

Gefühl von Weite und Klarheit

größer wirken zu lassen. Weiß macht sich gut in Räumen mit unregelmäßigen Decken und Wänden, da es von der ungewöhnlichen Architektur ablenkt und das einfallende Licht stärker zur Geltung bringt. Weiß unterstreicht die Wirkung edler Materialien wie Blattgold oder Chrom und bändigt kräftige Farben.

Auch wenn man auf Weiß jeden Fleck sieht und daher sehr achtsam sein muß – die Mühe lohnt sich! Weiß läßt sich phantastisch mit warmen Holztönen kombinieren, von dunkler Kirsche bis heller Kiefer, und bietet den optimalen Hintergrund für alle möglichen Objekte und Materialien – ob Blumenvase oder mattes Glas.

Wo sollte man nun Weiß verwenden? Eine weiße Küche oder ein weißes Badezimmer sehen immer besonders sauber und gepflegt aus. Weiß schafft ein Gefühl von Weite und Licht, die beiden Synonyme für das zeitgenössische Design, das den Raum über die Ausstattung stellt. In nördlichen Gefilden mit wenig Tageslicht kann Reinweiß leicht zu kühl wirken. Hier bringen gebrochene Weißtöne unfehlbar Licht und Tiefe auch in den dunkelsten Winkel. In Kombination mit kräftigen Farben hingegen kommt es zu

optischen Täuschungen: Ein langgezogener, schmaler Raum beispielsweise wirkt breiter, wenn man die beiden Stirnwände in einer satten Farbe und die beiden Seitenwände weiß streicht.

Eine neutrale Dekorationspalette findet ihre Vollendung im Zusammenspiel mit anderen Tönen. Zartes Grau, hier und da etwas Holz und eine Vielfalt an Stoffen und Materialien, darunter Tischtücher und Bettwäsche aus Leinen, mit schwerem Kattun bezogene Polster, Türklinken aus Chrom und natürliche Bodenbeläge sind die perfekte Ergänzung für weiße Wände und Möbel.

Es gibt unterschiedliche Möglichkeiten, um in einer neutralen Umgebung Akzente mit Farben und Stoffen zu setzen: Ein Blumenarrangement beispielsweise bildet mit seinen leuchtenden Farben einen optischen Kontrapunkt. Ein farblich abgestimmter Läufer sorgt für Behaglichkeit und bindet einzelne Objekte in das Gesamtbild ein. Oft genügt es, Fensterrahmen, Türen, Boden und Möbel aus unterschiedlichem Holz zu wählen, um die neutrale Grundstimmung etwas aufzupeppen. Für die nötige Materialvielfalt sorgen Kissen, grob gewirkte Decken, Keramiken oder Glasobjekte. Auch feines Porzellan ist ein Gewinn für jeden weißen Raum. Das Spiel von Licht und Glas – ob in Form von Vasen, bunten Phiolen oder satinierten Glasscheiben fasziniert das Auge immer wieder. Je nach Tageszeit changiert

Harmonie anstelle von Eintönigkeit lautet die Maxime

das einfallende Licht, und eine gezielt ausgesuchte künstliche Beleuchtung bringt zusätzliche Abwechslung.

Will man unterschiedliche neutrale Oberflächen, Texturen und Materialien miteinander verbinden, greift man am besten zu einer Palette von Weißtönen. Auf diese Weise entsteht ein Ort der Entspannung und Ruhe.

Weiß läßt sich phantastisch mit warmen Holztönen kombinieren – von dunkler Kirsche bis heller Kiefer

Ruhig, weiß, neutral

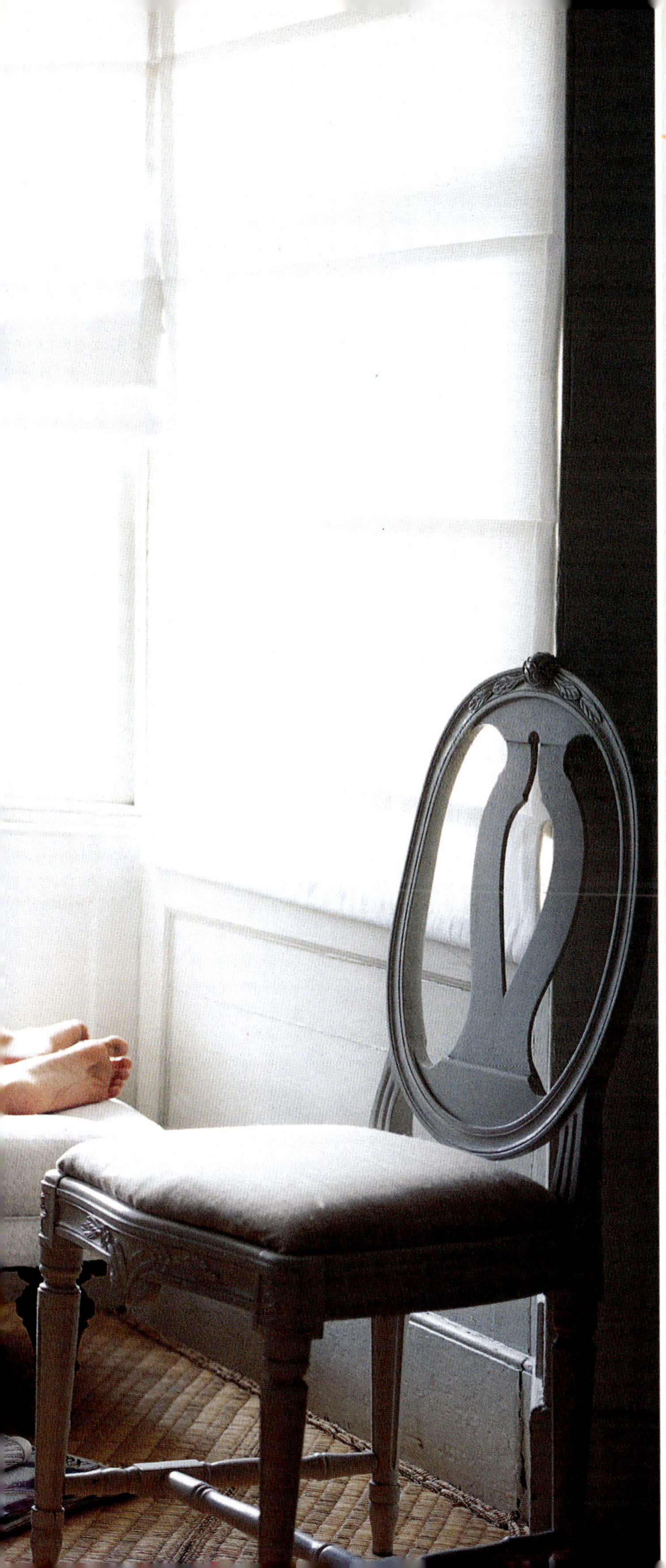

Links **Mit einem guten Buch auf einer bequemen Chaiselongue liegen – so läßt sich am besten abschalten und nach einem hektischen Tag voller Farben die ersehnte Ruhe finden.**
Rechts **Vom Meer geglättete Kieselsteine in den Farben der Wolken – ein Vorschlag der Natur für ein farblich ausgewogenes, harmonisches Schlafzimmer.**

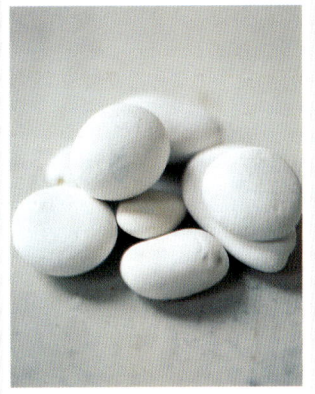

Dieses Schlafzimmer in den blassen Tönen meergeglätteter Kieselsteine zeigt, daß eine Kombination von Weißtönen immer sauber und erfrischend wirkt.

Mit Ausnahme des Fußbodens steht jede Oberfläche in diesem Zimmer unter dem Motto ›Weiß‹. In einem Raum, in dem Holzvertäfelung, Rollos und Möbel in den unterschiedlichsten Weißschattierungen gehalten sind, ist das Schmökern ein Genuß. Der Bodenbelag aus Naturfasern lockert die weißen Flächen auf und harmoniert bestens mit den weißen Wänden und den Holzmöbeln. Wer sein Schlafzimmer tagsüber nur wenig nutzt, kann praktische Aspekte getrost außen vor lassen und ungehemmt seiner Lust am Luxus frönen.

In einer weißen Umgebung fällt es leichter, seine Gedanken zu ordnen. Für unruhige Dekorationen und extravagantes Mobiliar bietet Weiß den idealen Hintergrund. Anstelle von Vorhängen filtern Rollos das Licht, ohne es völlig fernzuhalten. So kann die elegante Täfelung ihre Wirkung voll entfalten. Ein heißes Bad, ein Sofa und ein gutes Buch – mehr braucht es nicht, um das gepflegte, ruhige Ambiente perfekt zu machen.

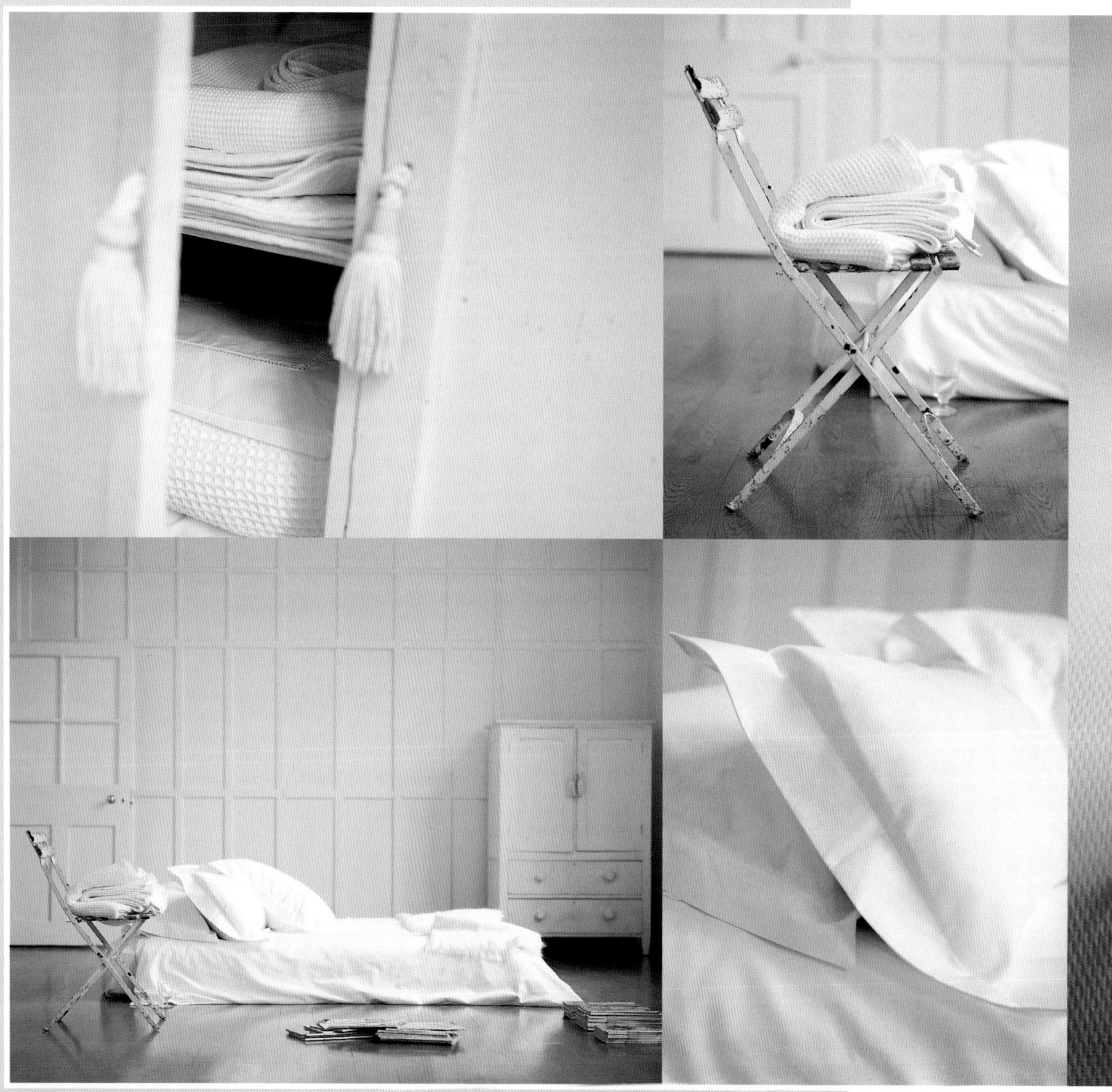

in weißer Raum braucht optische Aufhänger. Eine Möglichkeit ist die Kombination von Weißtönen mit unterschiedlichen Oberflächen, eine andere die Einführung farbiger Elemente in Form von Holz oder Chrom für Boden, Wände oder Mobiliar. Unser Beispiel erinnert an die Einfachheit weißgetünchter Häuser im Orient. Gleichzeitig machen das Spiel der Texturen und die kaum wahrnehmbaren Unterschiede zwischen den Weißtönen aus diesem Schlafzimmer eine Oase der Heiterkeit. Schatten lockern das großflächige Weiß der Täfelung auf, und vor der schon ein wenig verblaßten Grandeur der Kommode glänzen die hellen Holzdielen noch einmal so schön: Man könnte meinen, das Bett treibe auf einem friedlichen Weiher.

Trotz der kühlen Stimmung regiert in diesem Schlafzimmer der Komfort: Mollige Bettwäsche aus dickem Baumwollpikee konkurriert mit einer flauschigen Wolldecke aus Angora und Mohair (siehe Abbildung links).

Vanilletöne

S. 40 oben links **Die reinweißen Quastengriffe der Wäschekommode sind ein gutes Beispiel für Dekorationsideen mit Textilien.** **S. 40 unten links** **Ruhe und Frieden gehen von dieser Schlafstätte aus, bei der die Bettwäsche wichtiger ist als das Bett selbst.** **S. 40 oben rechts** **Ein in die Jahre gekommener Klappstuhl mit einem** **Stapel kuschelweicher weißer Handtücher paßt sich perfekt in die entspannte Atmosphäre des Schlafzimmers ein. Durch den abblätternden weißen Lack erhält das Gesamtbild ein paar dunklere Sprenkel.** **S. 40 unten rechts** **Ein Traum in Weiß: Wer würde nicht gerne in den weißen Kissen mit dem breiten Rand versinken?**

Diese Seite (links)
Küchenschränke verschiedener Höhe und Breite sind in einem Stahlgrau lackiert, das so hell ist, daß es fast wie Weiß erscheint. Auf der Arbeitsfläche aus Edelstahl bilden Küchenutensilien aus demselben Material ein Ensemble von schlichter Eleganz.

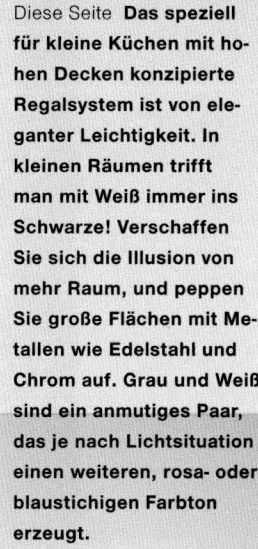

Diese Seite **Das speziell für kleine Küchen mit hohen Decken konzipierte Regalsystem ist von eleganter Leichtigkeit. In kleinen Räumen trifft man mit Weiß immer ins Schwarze! Verschaffen Sie sich die Illusion von mehr Raum, und peppen Sie große Flächen mit Metallen wie Edelstahl und Chrom auf. Grau und Weiß sind ein anmutiges Paar, das je nach Lichtsituation einen weiteren, rosa- oder blaustichigen Farbton erzeugt.**

Vornehme Blässe

Diese Seite **Auf weißen Regalböden arrangiert, nimmt sich das in einem matten Reinweiß lasierte, robuste Keramikservice aus Schweden mit seinen sanft schimmernden Rundungen fast wie eine Skulpturensammlung aus.**

Eine interessante Variante der Dekoration mit Weiß ist der kontrastive Einsatz anderer neutraler Farben wie Grau oder Schwarz. Das gilt besonders für Räume, deren Architektur oder Ausstattung bereits eine Farbrichtung vorgeben. In diesem Altbauzimmer findet sich das Schwarz der Eisensprossen an den Fenstern in den schlanken Sofa- und Sesselbeinen und in der dunkel abgesetzten Wolldecke wieder. In Räumen, die Ton in Ton gehalten sind, zeigt auch das kleinste farbliche Detail oder eine etwas andere Textur große Wirkung und bringt Abwechslung in den Gleichklang.

Kombinierte Wohn-Schlafzimmer mit angrenzendem Bad erscheinen geräumiger, wenn alle Bereiche in einer Farbe, am besten in einem unaufdringlichen neutralen Naturton gehalten sind. Weiß gestrichene Wände schlagen dem Raumgefühl ein Schnippchen und erhalten durch Möbel, Bilder und Stoffe die nötigen Farbtupfer. Wer größtmögliche Schlichtheit bevorzugt, kann sich natürlich auch für eine gänzlich neutrale Einrichtung entscheiden.

Naturleinen

Diese Seite **Leinenkissen mit breitem Rand und auffälligem Zierstreifen sind als Dekoration für ein einfaches weißes Sofa völlig ausreichend.**
Kleines Foto **Die schwarzgraue Einfassung macht die neutrale Wolldecke zu einem dekorativen Blickfang.**

Diese Seite **Eine breite Palette von Weißtönen unterstreicht die Behaglichkeit dieses stillen Winkels.**

Kleines Foto **Im angrenzenden Badezimmer wird das Thema Weiß wieder aufgegriffen.**

Schnee und Eis

Unten **Weißes Porzellan mit Glas kombiniert sorgt im Eßzimmer für legere Eleganz. Die Holzstühle sind die einzige farbliche Abwechslung im dezenten Ambiente.**

Oben rechts **Blankpoliertes Silberbesteck liegt auf** schlichten, weichen Servietten.

Unten Mitte **Eine elegante Vase ist ein Blickfang auf jedem Beistelltisch.**

Unten rechts **Ein in den Farben des Zimmers gedeckter Tisch sieht immer einladend aus.**

Als kühner Dirigent von Farbe, Textur und Ambiente wird Weiß nie langweilig. Hier schreien die gestärkten Leinentischdecken und -servietten förmlich nach Gläsern. Eßtisch und Beistelltisch stehen vor einem großen Spiegel, der die kühlen Weiß- und Cremetöne der Tischdekoration im Zimmer umhertanzen läßt.

Der weiche Musselin vor dem Fenster taucht den Eßbereich in das romantische Licht eines Nachmittags auf dem Lande. Robustes, weißes Porzellan, breitkelchige Weingläser und Großmutters Silberbesteck runden das kühle Gesamtbild ab. Der Glanz der Gläser setzt schimmernde Lichttupfer auf die zartgrünen Stengel und Blätter der Blumen.

Oben **Kissen in den Farbtönen des Raums dienen dem Auge als Bezugspunkt.**
Oben rechts **Cremeweiß lasierte Keramikgefäße erweitern die Farbskala um ein entscheidendes Element: Struktur.**

Rechts **Karamelfarbene Wände sind freundlich und doch dezent genug, um anderen Farben genügend Raum zu lassen.**
Ganz rechts **Möbel, die Farben und Materialien aus dem Raum aufgreifen, geben der Dekoration den letzten Schliff.**

Weiß läßt sich gut mit dunklen Karameltönen, glatter Eiche, Naturleinen und kräftigem Leder kombinieren. Keramik und Polstermöbel in hellen Farben bringen eine heitere Note in einen Raum, dessen Wände in einem interessanten dunklen Ton gestrichen sind. Dunkle Möbelstücke dagegen verankern weiße Wände und fügen die einzelnen Elemente zu einem eleganten Gesamtbild zusammen. Holzböden gehören fast obligatorisch zu einer so dezenten, sorgfältig gewählten Kombination von Tönen. Falls Parkett alleine zu dominant ist, kann seine Wirkung durch einen Teppich abgemildert werden. Manchem genügen aber bereits die changierenden Holztöne, um einem Raum das gewisse Etwas zu geben.

Lust auf Holz

Links Die mit Leinen-
stoffen in unterschied-
lichen Tönen bezogenen
Sitzmöbel weisen nicht
denselben Stil auf und
bilden dennoch ein hüb-
sches Ensemble, das
viel Ruhe ausstrahlt.
Rechts Die Kunstobjekte
in diesem Wohnzimmer
fallen ins Auge, ohne aufdringlich zu wirken.

Klassische Eleganz

Eine raffinierte Kombination von Holz mit
Weiß, Braun, Schwarz und Cremetönen
führt in diesem eleganten Wohnzimmer
verschiedene, in Textur und Farbe harmo-
nierende Materialien zusammen. Das sorgfältig ausgewählte Mobiliar verbindet klassische Eleganz mit
moderner Ästhetik, und ein großer Spiegel lenkt
das einfallende Licht in den Raum. Ein eindrucks-
volles Kunstwerk über dem Kaminsims bildet einen
optischen Bezugspunkt.

Alles in diesem Raum ist von ruhiger Schlichtheit
und Eleganz, nichts schreit nach Aufmerksamkeit. Von
der glatten, zerbrechlichen Oberfläche der stattlichen
Kaminvasen bis hin zu den sanft gebogenen Tulpen-
stengeln strahlt alles in dieser Komposition Ruhe und
Gelassenheit aus.

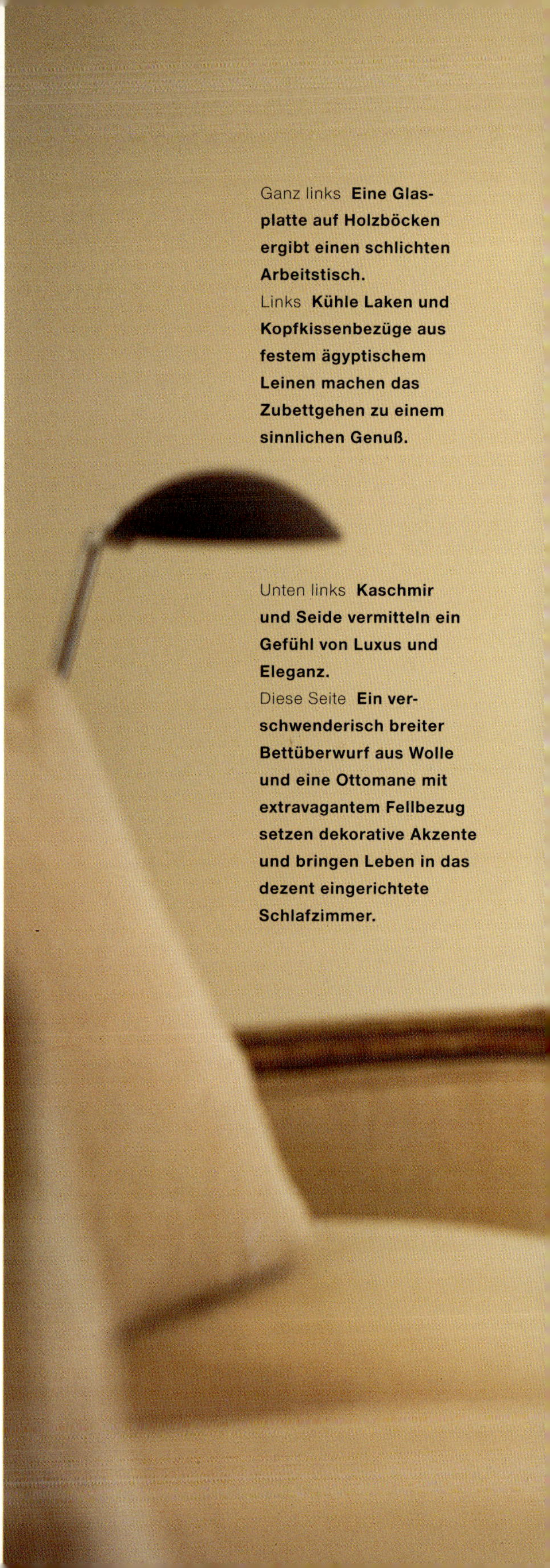

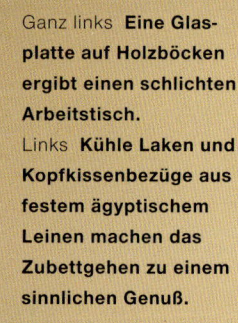

Ganz links **Eine Glasplatte auf Holzböcken ergibt einen schlichten Arbeitstisch.**
Links **Kühle Laken und Kopfkissenbezüge aus festem ägyptischem Leinen machen das Zubettgehen zu einem sinnlichen Genuß.**

Unten links **Kaschmir und Seide vermitteln ein Gefühl von Luxus und Eleganz.**
Diese Seite **Ein verschwenderisch breiter Bettüberwurf aus Wolle und eine Ottomane mit extravagantem Fellbezug setzen dekorative Akzente und bringen Leben in das dezent eingerichtete Schlafzimmer.**

Rohseide und Kaschmir

Ein sattes Braun ist die Farbe

der guten Dinge des Lebens

Schokolade, Bernstein & Silber

COFFEE

L'AMORE P

IL CAFFÈ

CROCCANTINO "Le PREFERITO" SAN MARCO DEI CAVOTI

Jenseits der neutralen Palette bietet die Farbkombination Schokolade, Bernstein und Silber vielfältige Dekorationsmöglichkeiten. Ein Materialmix aus kräftigen Erdtönen mit Akzenten in funkelndem Chrom hat Klasse und Eleganz. Man fühlt sich an ein Kaffeehaus erinnert, an warme Cappuccino- und Sahnetöne unter einer hellen Schaumkrone. Es sind auch die Farben der Naturelemente Erde und Feuer.

Braun wurde als Dekorationsfarbe jahrelang unterschätzt. Doch seit die 70er Jahre ein ironisches Comeback erleben, erfreut es sich wieder größter Beliebtheit. Und das mit Recht! Denn Braun ist ein aufregendes Gestaltungsmittel. Denken Sie nur an Zartbitterschokolade, Sahnekaramelbonbons oder eine duftende Tasse Milchkaffee – diese üppigen, warmen Farben können so viel Wärme und Gemütlichkeit ausstrahlen! Kombiniert mit Creme- oder Milchtönen sorgen sie aber auch für kühle, klare Kontraste.

Ein Materialmix in kräftigen Erdtönen mit Akzenten aus funkelndem Chrom hat Klasse und Eleganz

Die Skala der mittelbraunen Töne bietet mit ihren an Toast oder Karamel erinnernden Varianten je nach Ausprägung sowohl warme als auch kalte, in jedem Fall aber ruhige, gedeckte Farben. Erdige Brauntöne finden bereits seit Urzeiten in der Innenraumgestaltung Verwendung. Mit Weiß gemischt ergeben Naturpigmente wie ungebrannte oder gebrannte Umbra ein sattes, dunkles Braunschwarz.

In Großbritannien war Braun insbesondere im Viktorianischen Zeitalter sehr beliebt. Die Häuser waren mit mächtigen Mahagonimöbeln, dunkelbraunem Balkenwerk und holzfarbenen Vorhängen ausgestattet. Auch der viktorianische Designer und Kunsthandwerker William Morris arbeitete viel mit Braun, einer Farbe, die zu einem herausragenden Merkmal vieler der von ihm entworfenen Textilien wurde.

Leder ist ein Material von phantastischer Vielseitigkeit

Bei Brauntönen denkt man unwillkürlich an warmes, dichtes Tierfell. Und wo kann man das schillernde Spiel der Farben besser beobachten als bei einer Birmakatze, die sich auf einem dicken Wollteppich räkelt, oder bei einem Jack-Russell-Terrier, dessen ebenholzschwarzes Haarkleid in rostbraunen, karamelfarbenen und schmutzigweißen Wirbeln changiert. Fell- und Pelzimitate spielen bei der Dekoration in neutralen und erdigen Tönen eine wichtige Rolle. Sie bringen Kontrast und Wärme ins Bild. Leder ist ein Material von phantastischer Vielseitigkeit. Neues Leder ist glatt und geschmeidig, altes Leder hat eine narbige und dennoch reizvolle Oberfläche. Man denke nur an den Charme eines alten Ledersessels mit verschlissenen Armlehnen.

Am besten macht sich Braun in hellen Räumen, denen es leicht ein wenig an Gemütlichkeit und Geborgenheit fehlt, oder aber in Räumen, die überwiegend am Abend, also bei künstlichem Licht benutzt werden. Wohn- und Schlafzimmer vertragen meist eine braune Note. Intensives Braun eignet sich hervorragend als Hintergrund für ein kräftiges oder ein ins Pastellfarbene gehende Türkis oder Pink, wohingegen die helleren Karameltöne vor allem Weiß- und Cremetöne raffiniert ergänzen.

Psychologisch gesehen wird Braun mit dem Bedürfnis nach Sicherheit in Verbindung gebracht, mit dem Wunsch nach Kontakt

Man fühlt sich an ein Kaffeehaus erinnert, an warme Cappuccino- und Sahnetöne unter einer hellen Schaumkrone

zu gleichgesinnten Menschen und der Sehnsucht nach einer behaglichen Umgebung.

Wichtig ist es, diese Farbpalette in Kombination mit Holz zu verwenden, vornehmlich mit dunklen Hölzern wie Teak, Mahagoni und Kirsche. Sanfte, weiche Töne und feine Maserungen harmonieren vorzüglich mit neutralen Polstermöbeln und blitzenden Chrombeschlägen oder sonstigen Metallaccessoires. Eine dunkle Täfelung macht aus jedem Zimmer ein urgemütliches Refugium, und kunstvoll geschnitzte Bänke, Stühle und Tische geben sowohl dem modernen als auch dem traditionellen Heim eine vertrauenerweckende, solide Note. Allein schon die unterschiedlichen Maserungen und Farbtöne sind eine Quelle der Inspiration.

Die Farbe Bernstein umfaßt die orangehaltigen Erdtöne, von Terrakotta bis hin zu zartem Pfirsich. Die Orange-Rot-Skala, die durch Mischung von Siena und Ocker mit anderen Farben entsteht, läßt sich wiederum gut mit braunen Umbratönen mischen. Das Ergebnis sind angenehme Erdtöne – mehr Terrakotta als Schokolade –, die nur ein bis zwei Nuancen von der Kaffeehauspalette abweichen. Bernsteintöne reagieren sehr empfindlich auf eine Veränderung der Lichtverhältnisse. Machen Sie daher einen Probe-

ein Graus, während es bei anderen die Stimmung hebt. Die richtige Mischung aus Rot

und Orange beruhigt und beeindruckt, ohne grell zu sein. Bernstein oder Terrakotta sorgen in Küche und Wohnzimmer für Behaglichkeit. Im Zusammenspiel mit silbrigblauen Tönen in Form von Edelstahl, Chrom oder mattem Glas entwickeln sie gewissermaßen ein Eigenleben: Das Licht wird von den glänzenden Flächen reflektiert

Blitzendes Metall und dunkle Erde bilden eine glückliche Kombination

und auf die kräftigen Erdtöne zurückgeworfen, die Farbdichte bricht auf, und ein noch wärmerer Ton entsteht. Interessanterweise findet man genau diese Farbkombination bei alten ägyptischen Fresken sowie Höhlenmalereien aus der Steinzeit.

Bei Dekorationen in Silber geht es oft mehr um Struktur und Oberfläche als um Farbe. Edelstahl, Chrom, Zink und Zinn haben allesamt eine spiegelblanke Oberfläche, die den bodenständigen Erdtönen Glanz verleiht und schwerfällige Arrangements auflockert.

Edelstahl und Chrom, Zink und Zinn

anstrich, bevor Sie eine Wand oder ein ganzes Zimmer in gedämpftem Orange oder Terrakotta streichen. Bernstein ist eine warme Farbe. Laut Umfragen ist ein zarter Pfirsichton bei Männern und Frauen die beliebteste Farbe. Es ist aber gar nicht so leicht, den richtigen Ton zu treffen: Er darf weder zu sehr ins Orange, noch zu sehr ins Rote gehen. Manchem ist Orange in jeder Schattierung

Blitzendes Metall und dunkle Erde bilden eine glückliche Kombination. Badezimmer und Küche mit ihrer Fülle an Chromflächen verlangen geradezu nach Terrakotta und Braun als Gegenpol zu der strahlenden Sauberkeit. Bilderrahmen, Möbelbeschläge oder Beistelltische aus Metall erweisen sich als konturengebender Kontrast zu den weicheren, natürlicheren Tönen der Erdpalette.

Als gelungene Neuauflage der 60er und 70er Jahre variiert diese Stadtwohnung den Einrichtungsstil jener Zeit ein wenig, um ein Stück große weite Welt hereinzulassen. Im Eßzimmer stehen Designklassiker der 70er Jahre Seite an Seite mit Fundstücken vom Trödelmarkt. Auch Objekte, die an die Wartehallenästhetik internationaler Flughäfen erinnern, finden sich hier. Form und Textur als Farbkomplemente sind von Meisterhand gewählt. Modefarben von gestern mit Nippes und verrückten Möbelstücken von heute aufzupeppen ist eine interessante Neuinterpretation der Vergangenheit jenseits der üblichen Musealisierung.

Im Eßzimmer hängt ein Stück Tapete mit einem Muster in Blaßorange und Braun, den Farben der 70er, als Kunstwerk an der

Hot Chocolate

Die skulpturalen Formen moderner Möbel schöpfen aus einer Farbpalette, die weiche Braun- und Schokotöne mit dem Reiz eines Cappuccinotons kombiniert.

Ganz links Eine einfache Geometrie bestimmt diesen Raum: Die konzentrischen Kreise der mosaikartigen Keramikaschenbecher finden sich auf den robusten schwedischen Eßtellern wieder (kleines Foto).
Links Das gerahmte Stück Tapete greift das kreisförmige Muster auf.
Rechts Familienfotos und eine Serie gerahmter Originale bilden einen neutralen Hintergrund für den Bernsteinaschenbecher.

Wand – ein ironisches Statement in dem ansonsten in der Farbe von Blockschokolade gestrichenen Raum. Auf einem Design-Sideboard von Knoll International eskortieren zwei Tischlampen mit grobleinenen Schirmen eine Sammlung von Mosaikaschenbechern aus den 60er Jahren.

Im Eßbereich wurden Cappuccinofarben kombiniert, um ein anmutiges Spiel von Tönen und Texturen zu entfalten: Eine graubraune knopfgesteppte Polsterbank bildet das farbliche Bindeglied zwischen dem matten Dunkelbraun der Wände und dem Hochglanzlaminat des Tisches – ganz wie eine Melange aus Schokolade, Kaffee und Mokka. Die beigemelierten Wollpolster und die Stahlbeine der Stühle heben sich deutlich von dem dunklen Holzparkett ab. Vor dem schmalen, hohen Fenster steht eine einladende Florence Knoll-Bettcouch aus Leder, auf die durch Jalousien weiches Tageslicht fällt, das die Wölbungen und Vertiefungen der Liegefläche betont.

Links **Das klassische Design dieses in Braun- und Grautönen gehaltenen Raums erinnert an den Stil einer modernen Flughafenlounge. Die Farbpalette läßt an die Variationen einer gelungenen Jazzimprovisation denken. Worte wie locker, cool und sexy beschreiben dieses dekorative Arrangement am treffendsten.**

Oben links **Unmittelbar vor dem Fenster aufgestellt, lädt die ultralässige Florence Knoll-Bettcouch dazu ein, in einem guten Buch zu schmökern oder einfach nur nach draußen zu blicken und die Aussicht zu genießen.**

Oben rechts **Stühle, Tisch und Vase tragen die dominierenden Farben dieses Eßzimmers: Grau, Braun und Bernstein. Die geschwungenen Formen von Tisch und Stühlen strahlen eine Atmosphäre von entspannender Eleganz aus.**

Rechts **Eine Stehlampe hält Wache in diesem Tempel des Luxus.**

Terrakotta, Honig und Stahl

Oben links **Um einen warmen Terrakottaton zu erzielen, wurden diese Wände hellorange grundiert und dann mit einer wässrigen blaßrosanen Tünche überstrichen.**

Oben rechts **Der Glanz der Edelstahlschränke steht in krassem Gegensatz zu den rustikalen, geradezu unfertig wirkenden terrakottafarbenen Wänden.**

Rechts **Holzplatten, denen durch eine Lasur ein rindslederähnliches Aussehen verliehen wurde, sind eine gute Alternative zu verputzten oder tapezierten Wänden. Stühle von koketter Eleganz lockern die sonst eher strenge Tischszene auf.**

Links **Der kühle Stahl der Stuhlbeine und die matten, angelaufenen Zinndosen auf dem rostbraunen Lederkubus bilden kräftige Gegenpole zu den warmen Honig-, Sirup- und Melassetönen von Stuhl, Beistelltisch und Wand.**

Oben rechts, Mitte und unten **Kastanie, Braun, Terrakotta und Beige erinnern an die sanften Töne von Holz, Erde und Leder und strahlen Behaglichkeit und Lebenskraft aus. Das Stahlblau der Leinenservietten korrespondiert mit den metallenen Beinen von Tisch und Stühlen.**

Mokka, diese geheimnisvolle Farbe, irgendwo zwischen dunkelster Zartbitterschokolade und schwarzem Kaffee, erklingt in tiefen, vollen Tönen, die einander umgarnen wie Baßnoten in einer rauchigen Bar. Fügen Sie einen Spritzer Sahne hinzu, und es entfaltet sich ein Farbmenü voll köstlicher Schattierungen von Kakaobohnenbraun bis Austerngrau – eine Skala von schlichter Eleganz, wie sie in dem changierenden, samtigen Fell einer Birmakatze zu finden ist. Diese Farben haben es nicht nötig, Eindruck zu schinden – sie wissen um ihre Klasse. Gehen Sie also respektvoll mit ihnen um, und verwenden Sie sie nur mit hochwertigen Materialien. Am verführerischsten sind Mokkatöne bei Nappa- oder Wildleder, schwerer Seide und Leinen, Samt, Chenille und Pelz – Imitat, versteht sich. In der Natur finden wir Mokkatöne bei exotischen Harthölzern wie Ebenholz und Mahagoni. Diese wirken matt gewachst oder glänzend lackiert am besten.

Oben rechts **Die breiten kakaofarbenen und blauen Streifen an Bettdecke und Kopfkissen prägen diese einladende Schlafstätte.**
Mitte rechts **Das Ensemble aus edlen Lederkissen und kuschelweicher Chenilledecke erinnert** an einen anregenden Mokka.
Unten rechts **In Schokolinsen vereint sich der Glanz des Ebenholzes mit dem satten Braun von Schokolade.**
Ganz rechts **Mokkabraun sollte mit hellen Cremetönen kombiniert werden.**

Mokkalaune

Links Ein modernes Badezimmer mit Pfiff, das auf den ersten Blick ganz von typisch männlichen Utensilien beherrscht wird. Die Zwischenwand, die den Wannenbereich von Waschbecken und Dusche trennt, wurde mit kleinen schieferfarbenen Kacheln verkleidet. Die Wandnische in blitzendem Edelstahl und die Armaturen verleihen dem Raum Glanz.

S. 68 oben links Durch ein weißes Rollo fällt Tageslicht auf die Spiegeltüren des Schranks und den hellen Holzboden, um dann auf der funkelnden Edelstahlverkleidung der Wanne zu tanzen.

S. 68 oben rechts Der mergelgraue Bademantel in Waffeloptik harmoniert mit den mosaikartig gekachelten Wänden.

S. 68 unten links Blütenweiße Leinenhandtücher kontrastieren mit der rostigen Patina eines geschwungenen Metallstuhls.

S. 68 unten rechts Bimsstein, Pflanzenseife und Naturschwamm – ein Arrangement, das von Strukturen und Farben erzählt.

Stein und Stahl

Oben links **Die Erdtöne der Holzstühle und Keramikschalen in dieser von Edelstahl dominierten Loftküche sind eine kleine Verbeugung vor der Welt der Gewürze.**
Unten links **Die zarten Schokoladentrüffel mit ihrem pudrigen Innenleben zeigen uns, daß dunkle Brauntöne Gewürzfarben exzellent ergänzen.**
Oben rechts **Die in kräftigem Bernsteinrosa gestrichenen Wände dieses friedlichen Wohnzimmers erinnern an einen Sonnenuntergang. Der schiefer-**graue Steinboden bildet hierzu einen interessanten Kontrast.
Unten rechts **Eine eigenwillige Farbpalette ganz im Bann der Materialien: nußbraunes Leder, honigfarbene Fichte und dunkelbraun gebeizte Eiche.**
S. 71 **Die Gewürzkugeln verweisen auf die Inspirationsquelle für das Farbkonzept in diesem Raum: zimtfarbene Wände, Mobiliar in Vandyckbraun – einer Mischung aus Nelke und Vanille –, daneben kühle Vanille- und Grautöne.**

Zimt und Nelken

Mit seltenen Gewürzen zu arbeiten ist ein Hochgenuß – vergleichbar der Arbeit mit anderen kostbaren Substanzen. Schon die Worte Bernstein und Schildpatt, Ebenholz und Horn, Gold und Bronze, Zimt, Muskat, Anis und Safran beschwören Bilder von orientalischen Märkten herauf.

In ihrem berauschenden, verführerischen Zusammenspiel vollbringen die aromatischen Gewürzfarben wahre Zauberkunststücke. Doch sie müssen noch vorsichtiger als andere Naturtöne verwendet werden, da sonst der Eindruck entsteht, man habe sich in eine Kasbah verirrt. Am einen Ende dieser Farbskala steht Orange, am anderen ein satter, erdiger Ockerton, der in Altrosa übergeht.

Zurückhaltend ein-
gesetzt, zergehen
die blassen Pastell-
töne förmlich auf
der Zunge

Eiscreme, Sorbet & Biscotti

Die zarten Pastelltöne von Speiseeis versetzen uns in eine andere, zauberhafte Welt. Die unbefangen feminine und geheimnisvolle Schönheit von sanftem Altrosa, Nilgrün, Champagner, Elfenbein, Koralle, Lavendel, Rosé, Blaßgrün und Hellblau erinnert an die 20er Jahre, eine Zeit, in der Seidenstrümpfe, Charlestonkleider, Satin-Negligés und glänzende Daunendecken in Mode waren. Blasse Biskuit-, Creme- und Perlmuttöne erfreuten sich damals großer Beliebtheit. Die luxuriöse Pracht dieser Farben war eine reine Wonne.

In kühlem harmonischem Miteinander fühlen sich die zarten Pastelltöne am wohlsten. Die Farben Lachsrosa, Blaßbraun und Taupe, ein zu Braun tendierendes Grau, können jede für sich genommen fad und langweilig wirken, in einer fein ausgewogenen, dezenten Komposition jedoch changieren sie in Nuancen unterschiedlicher Intensität, die elegant, leicht feminin und absolut unwiderstehlich sind. Pastelltöne verstehen sich besonders gut mit weichen, fließenden Materialien: Vorhänge, Kissen, Decken und Polster bieten ihnen die richtigen Texturen, um ihre Vorzüge auszuspielen. Die Gesamtwirkung dieser Farben kann sich im Laufe des Tages je nach Lichtverhältnissen ändern. Am feinen Glanz von Rohseide, dem leuchtenden Schimmer von Taft und Satin und der blütenzarten Transparenz von Voile und Schleierstoff wird deutlich, daß Pastellfarben ihre wahre Schönheit erst in Kombination mit den richtigen Materialien voll entfalten.

Im Zusammenspiel mit raffinierten neutralen Tönen gewinnen beide Seiten eine zusätzliche Dimension. Lavendel- und Mauvetöne wirken immer ausnehmend elegant an der Seite von Silbergrau und Graugrün. Gelbrosa erhält in der Nachbarschaft von Rehbraun, Biskuitgelb und Beige eine zarte Finesse, während man ein blasses Primel-

gelb am besten auf seine erdigen Wurzeln zurückführt und es mit dunklem Torfbraun, Steingrau und Moosgrün kombiniert. Hellblau muß keine Babyfarbe sein – denken Sie nur an das getüpfelte Ei einer Drossel, das inmitten von kühlen graubraunen Federn und Zweigen im Nest liegt.

Pastelltöne kommen am besten zur Geltung, wenn sie nicht genau zu fassen sind: Beispiele sind ein helles Aquamarin, das in die blassen Graubrauntöne einer Muschel übergeht, oder das sanfte Braunrosa im Ohr einer Maus – selbst auf kleinster Fläche entfalten diese Farben eine umwerfende Wirkung. Von der Innenarchitektur oft als zu mädchenhaft abgetan, erfordern Zuckermandelfarben ein gutes Händchen, um nicht ins Klebrigsüße abzurutschen. Sparsam eingesetzt strahlen Arrangements in Pastell jedoch eine Frische aus, die die Seele tröstet und dem Auge schmeichelt.

Die ›Eiscreme-Farben‹ erinnern uns an die glücklichsten Stunden des Lebens: an Hochzeiten, Babykleidung, ungetrübte Kinder-

Eiscreme steht für Ge für Erfrischung, Bisco

tage, Eis, Süßigkeiten, Ballettschuhe und Geburtstagstorten. Diese Farben stehen für alles Frische und Neue – von Frühlingsblumen und Apfelblüten bis zu Rosenknospen und Kinderwangen. Doch solche Anmut kann angesichts der profanen Dinge des Alltags leicht in Sentimentalität und Kitsch umkippen.

Der Schlüssel für den richtigen Umgang mit Pastelltönen liegt in der strengen Auswahl der Formen und Materialien der Einrichtung, die der Zartheit der Farben etwas entgegensetzen sollte. Entscheiden Sie sich

Pastelltöne kommen am besten zur Geltung, wenn sie nicht genau zu fassen sind

Lavendel- und Mauvetöne wirken immer ausnehmend elegant an der Seite von Silbergrau und Graugrün

für schlichte Vorhänge – gern üppig bemessen und aus edlen Stoffen, aber ohne Bordüren und Rüschen, oder drapieren Sie einfache Stores über eine Metallstange. Setzen Sie den Akzent auf Schlichtheit, indem Sie schmucklose Bettwäsche und schlichte Polsterbezüge, funktionale Stuhl- und Sofaformen, Mobiliar mit klaren Linien und einfache Keramikwaren wählen. Gelingt es Ihnen, das typische Puppenstubenambiente zu vermeiden, werden Sie mit Ihrem Pastellinterieur hochzufrieden sein. Genuß mit Maß, Zartheit gepaart mit Raffinesse, Verführung statt Unschuld, das ist in diesem Fall das Rezept für wahres Glück.

nuß, Sorbet
tti für Stil

Mit Rosa zu dekorieren ist ein Balanceakt zwischen Elfenzauber und fuchsienfarbener Überfrachtung. An der Farbe von Rohputz wird deutlich, daß ein schönes Rosa im Grunde genommen aus einer Reihe heller Lila-, Haut- und Schiefertönen besteht. Rosa eignet sich hervorragend als Hintergrundfarbe, als Farbtupfer auf Accessoires wirkt es dagegen leicht recht fad und langweilig. Perlmuttöne verbreiten insbesondere in Schlaf- und Badezimmern eine klare, ruhige und entspannende Atmosphäre. Gipstöne kontrastieren wirkungsvoll mit Edelstahlelementen in der Küche. In Kombination mit Varianten von Hellblau, Biskuitgelb und Zartgrau

schaffen sie im Wohnzimmer ein Gefühl von wohliger Wärme.

Auch Lila gehört zu jenen chamäleonartigen Farben, die je nach Raumsituation und Tageszeit mehrmals täglich ein neues Gesicht zeigen. Gerade noch hellblau, schimmern sie im nächsten Augenblick schon in zartem Grau. Meist als ›hübsche‹ Farbe abgetan, kann Lila auf großen Flächen durchaus sehr eindrucksvoll sein, so zum Beispiel im Treppenhaus, wo das wandernde Tageslicht es in allen Schattierungen tanzen läßt. Auch in Kombination mit weißen Details spielt Lila sein ›intrigantes‹ Farbenspiel – kalt und warm, abweisend und einladend zugleich, unfähig, sich zu entscheiden. Erst nach einigem Herumexperimentieren läßt sich sagen, ob die jeweilige Mischung aus zarten Rot- und Blautönen mehr ist als die Summe der Komponenten oder das mißlungene Ergebnis eines Wettstreits zwischen ihnen.

Biskuittöne erinnern an die Farbe von Eiswaffeln, Butterkeksen und Sahnepralinés. Holzwerk, Polster, Wände und Böden wirken in den nahezu neutralen Karamel- und Bananentönen außerordentlich beruhigend und bieten einen dezenten Hintergrund für die lebhafteren Pastellfarben. Creme-, Milch- und Biskuittöne bilden gewöhnlich die Grundlage für Farbkompositionen in Räumen, die wegen ihrer schlechten Lichtverhältnisse einen hellen Anstrich

Zuckermandelfarben erfordern ein gutes Händchen

brauchen. Anstatt sich unter solchen Umständen auf kräftige Primärfarben oder ein mediterranes Sonnenblumengrün zu stürzen, sollten Sie – im neuen Bewußtsein ihrer subtilen Wirkung – dezentere Farben wählen. Manch einer wird seinen versteckten Sinn für Romantik entdecken, wenn er Vanille und Babyrosa mit Walnußfurnier kombiniert – ein Gruß aus längst vergangener Zeit!

Feminin, aber mit Pfiff: Die Eiscremefarben in diesem Schlafzimmer verwandeln legeres Understatement in zurückhaltende Eleganz.

Pretty in Pink

Rosa wird häufig ins Schlafzimmer verbannt. Im öffentlichen Bereich, in dem beide Geschlechter sich auf einen gemeinsamen Farbcode einigen müssen, hat es scheinbar nichts zu suchen. Dabei muß Rosa mitnichten eindeutig feminin oder blumig sein, wie dieser schlichte Raum beweist. Geradlinige Kopfenden aus Metall setzen einen graphischen Kontrapunkt und verhindern, daß die Farbe das Zimmer dominiert. Die einzigen wirklich zarten Elemente sind die maschinengesteppten cremefarbenen Bettüberwürfe. Mollig warme, karamelfarbene Decken dienen als Blickfang, während ein lachsfarbener Seidenbanner das Tageslicht filtert und einen Hauch von Luxus in den Raum weht. Im Grunde ist die Kombination von Rosa und Weiß lediglich eine abgeschwächte Version des klassischen Rot-Weiß-Motivs. Auch Blumen eignen sich, um einen Kleckse Rosa in den Raum zu bringen. Vor hellen karamel- oder cremefarbenen Wänden kommen sie besonders zur Geltung.

S. 78 **Zwei Einzelbetten in holder Eintracht laden zu einem Schläfchen ein.**
S. 78 kleines Foto **Sanfte Töne: rosa Muscheln und Großmutters Leinen.**
Links **Bauschig aufgeschüttelte Kopfkissen mit bonbonrosa gestreiften Bezügen lachen den Betrachter an.**
Kleines Foto **Das Betthaupt kann zarte Farben unterstreichen und kräftige abschwächen.**

ie Vanille-Skala erstreckt sich von rein-
weißem Sorbet bis zu hellgelbem Milch-
eis. Als blasse Wandfarbe bringt Vanille
Licht in dunkle Räume, und Textilien
in diesem Ton beleben ein Zimmer. Hier wird der neutrale Hintergrund durch die zarten, zitronengelb und
cremefarben gestreiften Leinenbanner am Fenster
akzentuiert. Abends und nachts dienen sie als Sicht-
schutz, tagsüber rahmen sie wie Fensterläden den
Blick nach draußen ein.

Wer seinem Lieblingszimmer je nach Jahreszeit
ein neues Gesicht geben möchte, wechselt einfach
die Dekorationsstoffe. So zum Beispiel im Schlafzimmer: Ein neu bezogenes Kopfteil, modische
Decken und ein paar schlichte Vorhänge sind genau
das Richtige, wenn Stimmung oder Jahreszeit nach
einer neuen Farbe oder einem anderen Look rufen.
Wollen Sie einen Raum komplett überholen, können
Sie die Sitzmöbel neu beziehen oder mit neuer Bettwäsche und Kissenbezügen einen völlig anderen
Stil einführen.

Wer Farbmuster sammelt und Bilder mit seinen
Lieblingsstoffen aus Magazinen ausschneidet und
beides nach Jahreszeiten ordnet, hat stets eine Inspirationsquelle für saisonale Änderungen parat.
In Räumen, in denen die Textilien farbbestimmend
sind, lassen sich Oberflächen durch geschickte
Kombination von Mobiliar und Accessoires neu
definieren. Häufig sind es die Details, die ein Farbkonzept bestimmen.

Oben und S. 81 oben rechts
**Das stoffbezogene Bett-
haupt bildet die beque-
me Rückenlehne des ge-
schmackvoll mit zitronen-
und cremefarbenen
Kopfkissen dekorierten
Bettes. Das Fußende ziert
eine senfgelb gestreifte
Decke – da kann die
Katze des Hauses natür-
lich nicht widerstehen!**
Rechts **Vorhänge und
Kissen aufeinander ab-
zustimmen ist eine Mög-
lichkeit, gezielt Farbtupfer
in einen Raum zu bringen.**
S. 81 oben links **Es sind
die kleinen Details, die
den Reiz selbstgenähter
Accessoires ausmachen
und einem Raum die per-
sönliche Note geben!**
S. 81 unten **Der Holz-
rahmen des alten Stuhls
sieht ein wenig aus wie
die Hörner eines Widders,
der eine weiche creme-
farbene Mohairdecke
aufgespießt hat.**

Zarte Mimose

Helles Purpur und Lila galten nicht immer als typische Einrichtungsfarben, im Augenblick sind sie aber als Blaßmauve und Wickenrosa sehr im Kommen. Ihre zarten und doch kraftvollen hellen Varianten schmücken einen Raum und lassen ihn zugleich heller und größer wirken.

Denken Sie einmal an die Natur. Dort findet man Lila und Purpur in allen Schattierungen: als Blüten und Staubgefäße bilden sie einen optischen Kontrast zum Grün der Blätter und zum Blau des Himmels. Im Spektrum zwischen Rot und Blau angesiedelt, vertragen sich Lila und Purpur vor allem mit leuchtenden oder matten Weiß- und Grüntönen. In Kombination mit Rosa entsteht eine harmonische, ruhige Farbpalette.

Die Frühlings- und Sommerfarben Lila und Lavendel bringen Licht in dunkle Winkel und ein wenig Wärme in helle Räume. Gemeinhin als feminin bezeichnet, sind sie auf größeren Flächen wie Wänden, Vorhängen oder Polstern in Wirklichkeit ausdrucksstark und kräftig. Freundlich und doch ein wenig geheimnisvoll, sind sie nichts für den vorsichtigen, konventionellen Gestalter. Hier gelingt es den fliederfarbenen Wänden, den blankgescheuerten Holzboden und die einfachen Möbel in einer beruhigenden Mixtur aus klaren Linien und zarten Farben zu neuem Leben zu erwecken.

Links Blumen als optischer Kontrast genügen oft, um in einem farblich diffusen Raum ein Leitmotiv zu setzen. Hier sind es stachlige, distelartige Zierananas in enghalsigen Vasen.

Rechts **Ein schlichter Stil und edle Materialien ergänzen sich perfekt. Hier sind unauffällige, zweckmäßige Sessel mit roséschimmernder, zarter Seide bezogen. Das Resultat ist eine wunderbare Kombination aus Form und Dekoration!**

Ganz rechts oben **Blumen verleihen einem schlicht eingerichteten Raum eine klare, weiche Note und stehen gleichzeitig für sich selbst. Lackierte Regale bieten Platz für farblich passende Objekte und interessante Bücher.**

Ganz rechts Mitte **Weiße Möbel und Fußleisten akzentuieren die blaßlila gestrichene Wand. Der Raum erstrahlt in frischem, frühlingshaftem Licht.**

Ganz rechts unten **Das Geheimnis liegt im Detail! Selbst die rosafarbenen Streichholzköpfe passen in das Gesamtbild.**

Wickenrosa

Zartlila

L ila läßt sich im Spektrum nicht eindeutig
bestimmen, da die Lilapalette je nach
Lichteinfall zwischen Silbergrau und
Blaßblau changiert. Diese Vielseitigkeit
macht Lila zur idealen Wandfarbe für Räume, in
denen tagsüber das Sonnenlicht eine Symphonie
aus freundlichen Lilatönen dirigiert. Solch eine
interessante Farbe ist jedoch nicht nur für Wände
geeignet, sondern auch für Tische, Polstermöbel
und Keramik.

Helles oder weiß lackiertes Holz gibt für Lila
einen besseren Hintergrund ab als dunkles Holz,
das die zarten Schattierungen aufzusaugen scheint.
Glas ist Steingut und Einfarbiges Gemustertem vor-
zuziehen. Vor allem fliederfarbene Blumenmotive
wirken schnell etwas aufdringlich. Leicht, hell und
spritzig – das ist die Zauberformel für Lila.

Diese Seite **Ein Schuß helles Purpur auf einer langen furnierten Tischplatte gibt dem zurückhaltend eingerichteten Loft, in dem Farbe das dominante Element ist, eine kecke Leichtigkeit.**

S. 84/85 **Lila macht sich in der Nachbarschaft von Weiß besonders gut. Setzt man zusätzlich mit geschickt gewählten Objekten Akzente, so gelingt eine harmonische Komposition.**

S. 84 kleine Fotos **Punktuell und sparsam eingesetzt in Form von Schalen, Gläsern, Garnrollen, Baumwollstoffen und Stuhlkissen gibt Flieder jedem Raum eine heitere Note.**

Himmel, Meer &Treibholz

Die reinen,
elementaren
Farben der Küste
gehören zu
unserem Leben

Stellen Sie sich vor, Sie stünden an der Küste und beobachteten das Spiel der Sonnenstrahlen mit den Farben und Formationen von Himmel, Meer und Strand. Denken Sie an wässeriges Sonnenlicht, das durch perlgraue Wolken fällt – da, plötzlich, ein Flecken strahlendblauer Himmel! Oder denken Sie an silbergraue Gischt, die über Sand und Kiesel wirbelt und Ihnen um die Zehen streicht, an die weichen, diesigen Töne der Meeresküste, und daran, wie Beige-, Grau- und Schiefertöne verschmelzen, wenn

Nähe fühlen wir uns wohl. Diese Farben kommen niemals aus der Mode und haben in jedem Einrichtungskonzept ihren festen Platz. Meist bilden sie den Hintergrund für kräftigere Farben, mit denen sie jedoch zu einer Harmonie aus Licht und Schatten, starken und schwachen Tönen verschmelzen.

Die Formen und Struk Stein, Sand, Meer und

Die reinen, elementaren Farben der Küste begleiten uns jeden Tag unseres Lebens

Sand in Fels übergeht. Vielleicht sehen Sie graugrüne Küstengrasbüschel vor sich, deren stachelige Trockenheit sich mit dem staubigen Blau der Meeresstechpalme und dem Graubraun von Grasnelke und knorrigem Treibholz vermischt. Ob dezent oder kräftig, die Farben der See sind bezaubernd und zudem leicht zu verwenden. Sie erzeugen eine besinnliche Atmosphäre, wirken wohltuend und entspannend und stimmen nachdenklich, manchmal sogar ein wenig traurig. Es sind die Farben von Regen und Tränen.

Die reinen, elementaren Farben der Küste begleiten uns jeden Tag unseres Lebens. Erde, Stein, Gras, Meer, Himmel und Baumrinde sind wesentlicher Bestandteil unseres Daseins – in ihrer

Küstenfarben waren schon immer sehr beliebt und haben bis heute nichts von ihrer Anziehungskraft verloren. Am besten wirken sie in Kombination mit rustikalen Naturmaterialien: weichem Leinen, groben Webwaren, schlichten Stoffen ohne Muster, Holz in jeder natürlichen Tönung, grober Jute, Hanf oder Sisal, bei denen man an Fischerboote, Netze und Taue denkt. Komponieren Sie eine Farbsymphonie aus leisen Tönen, und Sie schaffen eine entspannende Atmosphäre!

Ausgebleichte Farben: Olivgrün, Ocker, Schiefer und Alabaster

Küstenfarben lassen an die hellen Grautöne von Treibholz denken, denen Sonne, Sand und Meer einen metallenen Silberschliff verliehen haben, oder an Kieselsteine, deren ausgebleichte Farben – Olivgrün, Ocker, Schiefer und Alabaster mit hier und da einem Spritzer Violettbraun oder Braunrosé – im Verborgenen bleiben, bis ein salziger Schwall Meerwasser ihr Edelsteinfunkeln hervorzaubert. Stellen Sie sich das endlos tiefe Meergrün von Felsbecken im Schatten der Klippen vor oder das glänzende Schwarz und Bernstein von Seegrasmatten, die in den graublauen Wellen am Meeresrand treiben. Denken Sie an das Meer an einem stürmischen Tag: schwerer, rauchschwarzer Himmel, die See ein tosendes Spektakel aus Preu-

Bischblau und Pechschwarz, und cremeweiße Schaumkronen, die ins Schwefelige spielen, wenn die dunklen Wellen über den schiefergrauen Fels branden – das Ganze eine nuancenreiche Palette tiefgründiger, gefühlvoller Farben, weit entfernt von dem schreienden Türkis und Kornblumenblau der Ansichtskarten.

turen von Vegetation

Immer wieder genossen diese kühlen Graugrün- und Blautöne besondere Gunst. In Großbritannien wurden sie im 18. Jahrhundert höchst wirkungsvoll für Seiden- und Damaststoffe verwendet, aber auch für die weit verbreiteten Wandtäfelungen und andere Bauelemente der damaligen Zeit.

Die Shaker bevorzugten einen ganz speziellen Blauton – das sogenannte ›himmlische Blau‹ –, den sie für alle möglichen Oberflächen und Alltagsgegenstände verwendeten, als Stütze für Kontemplation und Gebet und als Zeichen ihres reinen Geistes. Möbel und Einrichtungsdetails in diesem tiefen Blau setzen Akzente, ohne zu dominieren. Bildung am anderen Ende des Spektrums liegt Türkisblau, eine extrem vielseitige Hintergrundfarbe für Silbergrau, dunkles Schokoladenbraun oder silbrige Neo-

Wässeriges Sonnenlicht, das durch perlgraue Wolken fällt

Dunkles Indigo- oder Preußischblau, tiefes Meergrün oder Anthrazit sind ideal, um eine starke Farbaussage zu machen, ohne den Raum zu erschlagen; ein helles Himmelblau, Eierschalenweiß, Taubengrau oder Blaßgrün hingegen sind von geheimnisvoller Zartheit. Meist denkt man bei Blau- und Grüntönen automatisch an die kräftigen mediterranen Farben, die verwendet werden, um der grellen Mittelmeersonne zu trotzen. Sie funktionieren jedoch ebensogut, wenn sie vom helleren Ende des Spektrums gewählt werden, wirken dann aber sehr viel ruhiger.

Bei der Dekoration mit Farben, die am Meer zu Hause sind, besteht die Gefahr, in altbekannte Farbkombinationen wie Marineblau-Weiß oder Himmelblau-Weiß zu verfallen, die allenfalls der Seefahrt zu Ehre gereichen. Wählt man seine Meeresfarben jedoch mit Bedacht aus, kann eine faszinierende Komposition entstehen, die den Nuancenreichtum widerspiegelt, welchen die Formen und Strukturen von Stein, Sand, Meer, Himmel und Vegetation hervorbringen.

Gehen Sie noch einen Schritt weiter: Verwenden Sie Jute für Vorhänge und Schiffstaue als Vorhangschlaufen, verlegen Sie Strellmatten und experimentieren Sie mit Juteleinen, dem neuen Lieblingsmaterial der

Es sind die Farben von Regen und Tränen

Küstenfarben waren schon immer sehr beliebt und haben bis heute nichts von ihrer Anziehungskraft verloren

Rokoko-Töne – der Beweis dafür, daß Blau nicht zwangsläufig kalt wirken muß. In der richtigen Kombination ist es durchaus eine warme, zeitlose Farbe.

Profis. Wer dazu für die Wände ein ruhiges Graugrün, Graublau oder Taubengrau verwendet, erzielt ein apartes Farbschema, das einen nicht gleich erschlägt, wenn man den Raum betritt.

Ganz links oben **Bis hin zur Kleidung bestimmen Blautöne den Raum.**
Ganz links unten **Die in Reih und Glied geordneten Schuhe scheinen für einen Strandspaziergang bereitzustehen.**

Links **Das herrlich unkonventionelle Badezimmer mit den dezenten Farbtupfern kündet von Frische, Reinheit und dem Leben an der Küste. Die Farbgebung ist so überzeugend, daß man die Meeresbrise förmlich spürt.**

Küstenfarben entstehen, wenn das Blau des Himmels mit dem Graublau des Meeres und dem sandgetupften Grün der Strandgewächse verschmilzt.

Küstenpfade

Stellen Sie sich vor, Sie sitzen auf einer Sanddüne und spähen durchs hohe Gras hinaus aufs Meer. Hinter Ihnen waldgrüne Pinien, vor Ihnen meilenweit Sand, gesprenkelt mit Muscheln, Tang und Treibgut – Licht und Raum so weit das Auge reicht. Aber vor allem sehen Sie Blau, Grün, Grau, Stein und Rinde – ein angenehmes Nebeneinander von Naturtönen, die, besänftigend und aufregend zugleich, um die Aufmerksamkeit Ihrer Sinne wetteifern.

Die Farben in diesem Kapitel zählen zu jenen, mit denen viele Menschen sich besonders gerne umgeben. Es sind die Farben der Küstenpfade: Seegrasgrün, Metallgrau, Indigoblau. Sie sind ansprechend, ergeben pfiffige Kombinationen und sind, was ihre Leuchtkraft anbelangt, nicht auf die Sonne angewiesen.

Badezimmer verlangen förmlich nach den Farben der Küstenpfade, aber Vorsicht – machen Sie keine Leuchttürme daraus mit dem typischen Blau und Weiß, Seesternen und Muscheln. Dieses einladende Bad erzählt leise von der See. Im hellsten Kieselgrau gestrichene Wände verleihen dem Raum eine freundliche, beinahe

Unten **Schüssel und Shaker-Dose harmonieren mit den Holzmöbeln.**

Rechts **Durch einen feinen Schleier aus hellgrauem Leinen fallen warme** Sonnenstrahlen auf eine kleine Sammlung hellblau lasierter Keramiken.

Unten rechts **Ein Wäscheschrank ist ebenso praktisch wie dekorativ.**

melancholische Eleganz. Um die freistehende, meer-
grüne Badewanne ist eine Takelage aufgezogen,
die als Handtuchhalter und Aufhängung für den
Duschvorhang dient. Die im Ton abgestimmten
Leinensegel und die über die breiten Bodendielen
ausgelegten Webteppiche in weichen, wässrigen
Blautönen erzeugen eine Meeresstimmung, ohne
gängige Klischees zu bemühen. Ein wunderbar fried-
liches Badezimmer für einen guten Start in den Tag.

Einfache Möbel vor graublau oder graugrün gestrichenen Wänden wirken entspannend und bieten
vielseitige Stellflächen für zartweiße Porzellan- und
Keramikware, die glänzt, als läge der Tau der Küste
darauf.

Oben links **Sanfte Sonnen**
strahlen, die durch ein
Rollo ins Badezimmer
dringen, erinnern an das
wunderschöne Licht der
Küste. Das Rollo verführt
dazu, einen Blick nach
draußen zu werfen, und
sorgt gleichzeitig für ein
wenig Privatsphäre.
Unten **Die Keramikschalen**
heben sich dezent, aber
unübersehbar von der
changierenden Wand ab.

Links oben **Die Bilder-rahmen aus lackiertem oder gebleichtem Holz erinnern an die wellen-gepeitschte Patina von Treibholz.**

Links unten **Abblätternde Farbe, leuchtende Hor-**tensien und saftiger Farn **zu grauem Boden und grauen Wänden schaffen die Atmosphäre einer friedlichen Strandhütte.**

Unten **Ein sandfarben lasiertes Bettpodest vor blaßblauen Wänden,** darauf schneeweiße Bezüge und eine blau-grüne Decke rufen Bilder von einem diesigen Tag am Meer wach.

Rechts oben Wettergegerbte Holz- und Eisenmöbel erzählen von Strandhütten und salziger Seeluft.

Rechts Mitte und unten Decken von unterschiedlicher Textur und bunt schimmernde Krüge – die Juwelen im dezenten Gesamtkonzept.

Strandoase

it seiner besonders beruhigenden Wirkung zählt Grün zu den zentralen Farben der Innenraumgestaltung. Vermutlich ist es die enge Verbindung zur Natur, die das Wohnen in einer grünen Umgebung so angenehm macht.

Grün – sei es ein dezentes und doch wirkungsvolles Apfel-, Erbsen- oder Olivgrün – schafft im Badezimmer eine warme Atmosphäre und hat etwas Aufmunterndes. Es läßt sich hier wie auch in anderen Räumen gut mit naturbelassenen oder angestrichenen Holzmöbeln kombinieren.

Grün eignet sich aber nicht nur als Hintergrundfarbe für Esche, Kiefer und Eiche, sondern bildet auch einen guten Kontrast zu Stühlen mit Bastsitzfläche und zu Körben. Relaxen oder mit Freunden bei einem gemütlichen Abendessen zusammenzusitzen – in Grün getauchte Räume laden dazu ein.

S. 98 oben links **Neutrale Töne lassen sich gut mit Erbsengrün und Holz kombinieren.**
S. 98 oben Mitte **Dressurrosetten bilden einen Komplementär kontrast zur grünen Wand.**
S. 98 oben rechts **Korbwaren auf einem Tisch bringen neutrale Grastöne ins Spiel.**
S. 98 unten links und rechts **Selbst das Brot trägt zum farblichen Gesamtbild des** Raums bei. Es unterstreicht die Struktur des massiven Holztisches und der honigfarbenen Dielenbretter.
Diese Seite **Eine klangvolle Farbabstimmung aus verschiedenen Grüntönen – Rauchgrün für die Schränke, Graugrün für den Boden und helles Bohnengrün für die Wände – schafft eine unaufdringliche, einladende Atmosphäre.**

Bucht und Dünengras

Sommer-himmel

Oben links, Mitte und rechts **Eßbesteck mit Schildpattgriffen, elegante Keramik, kieselartig in Farbe und Struktur, und ein schwerer Holztisch holen die Natur ins Haus.** Unten **Ein Stuhlkissen mit ungewöhnlichem braungrauem Seidenbezug und hellblauen Zierknöpfen bewahrt die himmelblaue Harmonie.**

Unten **Mit Himmelblau, Taubengrau, Rehbraun und reinem Weiß wurde eine Oase der Ruhe geschaffen, die in ihrer Einfachheit ein wenig an eine Kapelle erinnert. Hohe, nackte Fenster, ein weiß gestrichener Boden und Möbel, die** leise von vergangenen Zeiten erzählen, könnten im Gesamtbild sehr streng wirken. Doch die glänzenden Seidenkissen in den Farben Mokka, Braungrau und Perlgrau sowie die handgefertigte Keramik lockern den Raum auf.

Unten **Ausgewählte Bücher oder hübsche Glasflaschen machen sich vor einer hellen Wand ebensogut wie glasierte** Keramikschüsseln oder duftende Lavendelsäckchen.

Oben rechts **Eine elefantengraue Wand wirft ein** sanftes Licht in den Raum, der vom Cremeweiß der übrigen Wände und den Naturfarben der Einrichtung dominiert wird.

Ausflug aufs Land

Helle Blautöne sind klar und erfrischend. Kombiniert mit Weiß, Braun oder einem ruhigen Grau passen sie ins Schlafzimmer, Bad und Wohnzimmer. Die leisen, dezenten Farben schaffen eine entspannende Atmosphäre, in der man schnell zur Ruhe kommt. Der Trick ist die Mischung aus hell und dunkel, glatt und strukturiert, wobei Möbel und Accessoires möglichst einfach sein sollten. Wenn Sie die Farbthemen nachempfinden, die Ihnen bei einem Ausflug aufs Land begegnen, schaffen Sie einen klaren, funktionalen und gleichzeitig wunderschönen Raum. Inspirationsquelle können Vogeleier, Trockenblumen oder Keramikglasuren sein.

Oben links Weiß funktioniert in jedem Bad.
Unten Mitte Die seidene Tagesdecke mit blaugrauem Mittelstreifen hält im Schlafzimmer das Farbkonzept zusammen.

Oben Der waffelartige Rand der Keramikschale greift die gesprenkelte Oberfläche der Eier auf.
Unten links Schlanke braune Glasflaschen geben elegante Vasen ab.

Unten **Mitternachtsblaue Sofas, großformatige Bilder und Stühle in verschiedenen Blautönen sind die einzigen farbigen Elemente in diesem Raum.**

Kleines Foto **Der kleine, aus Metall gefertigte Hund im meerblauen Küchenregal scheint zufrieden mit dem Schwanz zu wedeln.**

Meeresbrise

n einem überwiegend neutral gehaltenen Loft, in dem das Licht durch gigantische Fenster in alle Richtungen fällt, beschränkt sich der Einsatz von Farbe auf Mobiliar und Gemälde. An diesem Ort, der meilenweit vom Meer entfernt liegt und dennoch Farbthemen aufgreift, die vom Wasser inspiriert sind,

ist Farbe ebenso sehr architektonisches wie deko-
ratives Element. Gerade durch den neutralen Hintergrund treten die einzelnen Möbelstücke stärker hervor
und erlangen die Präsenz großer Plastiken.

Oben links, Mitte und unten
**Die Wandschränke in
Schlafzimmer und Flur
sind in einem blassen
Türkis gehalten.**

Unten **Es scheint fast, als
würde die Küche mit der
tiefblauen Arbeitsplatte
und den dazu passenden
Stühlen der Wand ent-
springen. Der Holzboden
verankert die Farben im
Raum.**

Rot ist kraftvoll und betörend,

sinnlich und symbolisch

Rotwein

& Rosen

Rot spricht Bände. Laut und ergreifend, bedeutungsvoll und ausdrucksstark ist es das visuelle Äquivalent zu Tschaikowskijs Ouvertüre ›Das Jahr 1812‹. Rot gehört zu den Farben erster Ordnung und ist eher aktiv als passiv, eher stimulierend als entspannend, eher dramatisch als zurückhaltend. Es ist die Farbe von Feuer und Leidenschaft. Neben Violett und Blau schneidet Rot in Farbpräferenztests besser ab als Orange, Gelb und Grün. Interessanterweise ist es die bevorzugte Farbe der meisten Frauen, während Männer häufig Blau als Lieblingsfarbe angeben.

Selbst die Namen, mit denen wir die verschiedenen Rottöne bezeichnen, wie Scharlachrot, Zinnoberrot, Kardinalsrot, Magenta, Karmesinrot, Venezianischrot, Krapprot, Rubinrot, Granatrot, Lackrot und Bordeauxrot, sind kraftvoll und betörend, sinnlich und symbolisch. Rot steht für Energie, Geisteskraft, Macht, Vitalität, Liebe, Leidenschaft, Sexualität und Gefahr, aber auch für Haß. Einerseits assoziiert man mit Rot romantische rote Rosen, andererseits wird Rot als Farbe des Teufels und des Feuers seit altersher mit dem Bösen in Verbindung gebracht. In der griechischen und römischen Mythologie trägt Ceres, die Göttin des Ackerbaus, eine rote Fackel, und Bacchus, der Gott des Weines, wird häufig mit einem roten Gesicht dargestellt. In China ist Rot – nicht Weiß – die Farbe der Hochzeit, und bei den amerikanischen Ureinwohnern steht Rot für die Wüste, für Unheil und Verderben. Die rotbraune Farbe traditioneller amerikanischer Farmen basierte auf einem eisenoxydhaltigen Farbstoff, der aus dem Boden gewonnen wurde. Die ersten Siedler Nordamerikas richteten sich mit einfachen Möbeln ein, mit Baumwollstoffen und handgewebten Kattuns, sie verwendeten Karo- und Zweigmuster – alle in zarten Rottönen. Die Natur kennt viele verschiedene Nuancen von Rot: Man denke nur an scharlachroten Klatschmohn,

Rot verfehlt nie seine Wirkung

leuchtende Himbeeren und burgunderfarbene Weintrauben oder an das Gefieder der Rotkehlchen. Auch ein Sonnenuntergang ist eine Symphonie aus Hunderten von Rot-, Orange- und Violettönen.

Der Mensch reagiert unweigerlich auf rot dekorierte Räume. Der bloße Anblick der Farbe genügt, um unseren Stoffwechsel anzuregen. Da sich Rot erwiesenermaßen auf Blutdruck, Adrenalinfluß und Pulsfrequenz auswirkt, sind viele Restaurants und Fastfoodketten in satten Scharlachtönen gehalten, um den Eßgenuß zu verstärken und die Konversation zu inspirieren. Ist man jedoch ständig mit einer derart kraftvollen Farbe umgeben, gewöhnt sich der Körper mit der Zeit daran und reagiert weniger stark auf die Farbimpulse.

Menschen, die sich für rote Räume entscheiden, sind häufig ehrgeizig, dynamisch und lieben die Aufregung. Ein gewagtes Rot

Der Mensch reagiert unweigerlich auf rot dekorierte Räume

erfüllt jeden Raum mit Wärme, selbst solche mit wenig Tageslicht. Beim nächtlichen Schein der Lampen wird es dann richtig gemütlich. Eine schöne Ergänzung zu Rot sind neutrale Farben – von hellen Beige- und Grautönen bis hin zu Schokoladenbraun und Schwarz. Besonders aufregend wirkt Rot in Verbindung mit Farben, die im Spektrum nicht weit entfernt liegen, beispielsweise dort wo Zinnoberrot in Haselnuß oder Fuchsrot übergeht, oder wo Karmesin sich mit Pflaume, tiefem Weinrot oder Purpur mischt. Aber auch als Kontrast zu Marineblau, Grünblau oder Graublau macht es sich gut.

Wo auch immer Rot auftaucht, es verfehlt nie seine Wirkung. Zwar hat es seinen angestammten Platz im Eßbereich, aber auch Flure und Korridore wirken mit einem Schuß Rot gleich viel einladender. Nordzimmer erhalten durch ein sattes Rot die fehlende Wärme. Das Schlafzimmer allerdings ist nicht gerade der ideale Ort für derart stimulierende Töne, insbesondere wenn sich der Körper nach Ruhe und Entspannung sehnt. Interessanterweise können

Rot steht für Drama, Purpur für Leidenschaft, Rosé für Gefühl

ganz kleine Kinder nur die drei Grundfarben wahrnehmen. Eine rote Umgebung spricht also auch die Kleinen an. Nehmen Sie Rot, wenn Sie in Küche, Wohn- oder Eßzimmer eine Atmosphäre schaffen wollen, in der sich Besucher geborgen fühlen wie im Mutterleib.

Wenn Ihnen Rot als Einrichtungsfarbe zu dominant erscheint, verwenden Sie es für Details wie Mauersimse, Bilderrahmen und Fußleisten sowie für Möbel. Sparsam dosiert funktioniert es ausgezeichnet. Mutigere Menschen mögen vielleicht sogar – als eine Art Willkommensgruß – ihre Haustür in einem kräftigen Weinrot oder eine Wand in einem satten Scharlachrot anstreichen, so daß sich die übrigen Wände in der abgestrahlten Wärme sonnen können. Auch Türen und Holzwerk kann man in einem dunklen Rotton oder große Fensterrahmen und markante Möbelstücke in einem kräftigen Karmesin-, Zinnober- oder Scharlachrot lackieren.

Quer durch die Jahrhunderte galt Rot als Symbol für Macht, Wohlstand und Luxus, und in der Tat wirken edle Stoffe und Materialien in Rot nochmal so verführerisch. Denken Sie nur an scharlachrote Seide, karmesinroten Samt, dunkelrotes Leder, bordeauxroten Brokat oder burgunderfarbenen Damast. Derartige Kombinationen sind zweifelsohne ein Augenschmaus. Wenn Sie sich jedoch nicht wie in einem plüschigen Etablissement oder einem Sultanspalast fühlen wollen, empfiehlt es sich, Stoffe in diesen

Verwenden Sie Rot für Details wie Mauersimse, Bilderrahmen und Fußleisten

Farben mit schlichten, einfachen Elementen zu bändigen.

Im Lauf der Geschichte erfreute sich Rot immer wieder größter Beliebtheit: in der Tudor-Zeit, als Wandbehänge groß in Mode waren, oder in der amerikanischen Kolonialzeit, in der Farmhäuser gerne rot gestrichen wurden. Sie können sich durchaus an solchen Vorbildern orientieren, sollten den historischen Bezug aber durch eine moderne Einrichtung aufbrechen. Dazu gehört ein wenig Geschick, aber wenn es gelingt, ist das Ergebnis äußerst wirkungsvoll.

Rot kann neben einem Gefühl von Luxus jedoch auch andere Stimmungen erzeugen. Denken Sie nur an die Wärme, die rote Polstersofas in einen Raum mit nüchternen Wänden und neutralem Boden bringen, oder an die österliche Pracht von rotem Musselin.

Auch Purpur ist eine Farbe, die starke Reaktionen hervorruft. Während die einen satte, samtene Purpurtöne mit ihrer königlichen Note lieben, finden andere diese nichtssagend. Dabei kann Purpur, gerade weil es für Extravaganz und Luxus steht, eine sehr starke Farbe sein. In der Natur wie auch in unserem Alltag kommen Violett und Purpur auffallend selten vor. Kräftiges Purpur ist ein sehr resoluter Farbton, der sich gut für kleinere Flächen eignet – zum Beispiel für Tagesdecken, Vorhänge, als Teppich oder in einem Gemälde. Als Kontrapunkt zu Weiß oder Creme ist Purpur einfach überwältigend.

Die Verwendung von Rot und Purpur sollte auf ein oder zwei Flächen in einem Raum beschränkt werden. Die meisten Menschen denken sich unbewußt Farbkonzepte aus, in denen sich beruhigende und stimulierende Farben die Waage halten. Will man einen Raum mit Rot oder Purpur dekorieren, ohne von der Farbe erschlagen zu werden, sollte man den jeweiligen Ton mit einer abgeschwächten Variante kombinieren.

Links **Setzen Sie gezielt Farbe ein**, wenn Sie einen Raum im **Ethno-Stil** einrichten wollen, und ergänzen Sie das Bild durch handgearbeitete Objekte. In diesem harmonischen Wohnzimmer greifen die großen scharlachroten Kissen den warmen Rotton der Wände wieder auf. Selbst das satte Braun des Holztischs verstärkt die warme, wohlige Stimmung. Rechts Zwei schwere indische Teakholz-Schränke bieten reichlich Stauraum. Die **Krönung** des Ganzen sind zwei kohlrabenschwarze Körbe – ein Genuß für das Auge.

East meets West

Ein sattes Rot ist opulent und gehaltvoll, imposant und verführerisch. Setzen Sie es selbstbewußt auf großen Flächen ein oder sparsam als Highlight.

Weinrote Wände strahlen eine wohlige Wärme aus, die auch in diesem großen Wohnzimmer spürbar ist. Die Architektur eines Raumes verlangt, ernst genommen zu werden. Dazu gehören eine geschickte Betonung und Ergänzung der Bauelemente. Dieser Raum funktioniert unter anderem deswegen so gut, weil er durch Weiß

Rechts **Ein Stück folkloristischer Stoff** ist der perfekte Wandschmuck in diesem Raum mit starker exotischer Ausstrahlung. Über dem hellen Kamin ist er als Dekoration völlig ausreichend. Eine gewaltige Kerze mit vielen Dochten, die an ein riesiges Stück Parmesankäse erinnert, spendet neben dem eleganten alten Kamin noch mehr flackerndes Licht.

S. 115 oben **Kissen sind** ideale Accessoires, um eine Farbidee zu vollenden, sei es, daß sie das Farbthema fortschreiben oder einen scharfen Kontrast bilden. Hier harmonieren die Kissen mit den weinroten Wänden.

S. 115 unten links **Die Beschläge auf dem niedrigen Couchtisch** bringen eine interessante, rustikale Struktur in den ansonsten eleganten Raum. Die zierlichen Holzvasen mit den kleinen roten Blumen setzen einen weiteren Akzent und harmonieren mit den anderen roten Elementen im Raum.

S. 115 unten rechts **Diese ungewöhnlich geformten Pappmaché-Dosen** sehen aus wie exotische Früchte. Durch ausgefallene Gebrauchsgegenstände wie diese bekommt der Raum etwas von einem orientalischen Bazar. Und noch das kleinste Detail kündet von Abenteuerlust.

und Holz akzentuiert und definiert ist. Die Wandtäfelung wurde weiß lackiert, und die Fensterrahmen führen diese Umrißlinien fort. Ein schlichter Holzboden und weiße Polstersessel sorgen dafür, daß der Raum nicht zu dunkel wird.

Ein Couchtisch aus Rajasthan, handgeflochtene Körbe aus Afrika und indische Holzschränke versetzen den Raum in eine Landschaft irgendwo zwischen Nordafrika und dem Himalaya. Oft reicht es aus, die Wände rot zu streichen, um ein Farbschema zu kreieren, das dann mit Möbeln und Einrichtungsdetails in derselben Farbe ergänzt wird. Allerdings sollten Sie darauf achten, den Raum nicht zu überladen. Als betonendes Element eignet sich dunkel gebeiztes Holz besonders gut.

Wahrscheinlich stockt einem zuerst der Atem, wenn man sich in einem solchen Ausmaß mit einer so dramatischen Farbe wie Mohnrot konfrontiert sieht. Aber die Sinne gewöhnen sich recht schnell daran, und schon bald umgeben die rot getäfelten Wände des 250 Jahre alten Hauses den Besucher mit einem Gefühl von Wärme und Geborgenheit.

Nichts ist so, wie es scheint, in so einem alten Haus. Es kommt häufig vor, daß die Wände – wie in unserem Beispiel – am Boden nicht bündig abschließen. Die Schränke knarren bei der geringsten Bewegung, und der Kamin pfeift gespenstisch, wenn der Wind in den Rauchfang fährt. Der Gesamteindruck sprüht dennoch vor Leben.

Im Wohnzimmer wird das lebhafte Mohnrot durch die Kombination mit Weiß, Anthrazit und dem konturengebenden Schwarz gedämpft und wirkt etwas seriöser. Rot und Grau sind immer eine gelungene Kombination, da das Grau das Rot davor bewahrt, zu laut und maßlos zu sein. Zinngeschirr mit seiner matt reflektierenden Oberfläche kommt vor der kräftigen Farbe gut zur Geltung, und die schwarzgerahmten Drucke stehen stolz vor den leuchtenden Wänden.

Glanz und Glorie

Oben **Der Wandschrank birgt farblich abgestimmte Wäsche. So können die Schranktüren ruhig einmal offen bleiben.**

Oben rechts **Keramiken und indische Gewichte verleihen dem getäfelten Wandvorsprung eine eindrucksvolle Eleganz.**

Mitte rechts **Fast ein Kunstwerk – die Farbmuster für den Anstrich.** Unten rechts **Zinn paßt hervorragend zu Mohnrot.**

S. 117 **Die wie marmoriert wirkenden Dielenbretter bilden mit dem kräftigen Rot ein harmonisches Farben-Patchwork.**

Passion in Purpur

Unten Purpur ist eine starke Farbe und kann genau wie Rot Menschen abschrecken, wenn es großflächig eingesetzt wird. Die Farbe dieser Bettdecke jedoch symbolisiert nur Liebe.

S. 119 oben links Lilien, deren intensives Purpur beinahe wie Schwarz erscheint, sind ein prächtiger Nachttischschmuck.

S. 119 oben rechts Bei Violett oder Purpur denkt man schnell an dunkle Jugendzimmer. Werden die gedämpften Varianten eingesetzt, kann es

diesen Ruf mühelos abstreifen.

S. 119 unten links **Eine Knoblauchknolle kann Anregungen für ein Farbkonzept geben.**

U. 119 unten rechts **Mehrere Purpurtöne nebeneinander wirken lebhaft und interessant.**

Links **Accessoires wie Ablagekörbe für Papiere, Zeitschriften oder den täglichen Krimskrams sind dekorativ und eignen sich als Akzente innerhalb eines Farbkonzepts.** Rechts **In diesem fröhlichen Materialmix bilden die roten Flanellkissen einen interessanten Kontrast zur Bastsitzfläche des Stuhls.**

Scharlachrote Akzente

Ein Wandanstrich mit einer so kräftigen Farbe wie Rot mag zu dramatisch wirken; für prägnante Hervorhebungen, vereinzelte Farbtupfer oder als natürlicher Konturengeber sollten Sie es aber in Betracht ziehen. In dem im modernen Landhausstil eingerichteten Wohnzimmer mit Aststühlen und Weidenkörben setzt Scharlachrot starke Farbakzente, die den Raum mit sprühendem Leben erfüllen.

Die clevere Kombination aus Naturstoffen und Rot sorgt hier für eine entspannende und zugleich lebhafte Atmosphäre. Die Textur der Bast- und Korbwaren dämpft die scharfen Konturen des scharlachroten Sofas und der mohnroten Kissen, so daß sie weniger schrill erscheinen. Rot verfehlt nie seine Wirkung, in unserem Beispiel strahlt die Farbe jedoch eine ruhige Selbstverständlichkeit aus, die eher untypisch ist.

S. 120/121 oben **Der gewaltige Ohrensessel aus biskuitfarbenem Leinen braucht als Dekoration lediglich ein großes scharlachrotes Kissen – und natürlich den Besucher, der genüßlich in den einladenden Polstern versinkt.**
S. 120/121 unten **In dem von der Farbe Rot bestimmten Raum dient ein brauner Schrank mit Glaseinsätzen zur Aufbewahrung einer Sammlung kostbarer Keramiken von Janice Tschalenko.**
S. 121 rechts **In einem Landhauszimmer darf ein duftender Blütenzweig aus dem Garten nicht fehlen.**

Farbe und Anstrich

Seite 38–39 Ruhig, weiß, neutral   **Seite 42–43 Vornehme Blässe**

Die hier abgebildeten Farbproben zeigen Paletten aus verschiedenen Kapiteln dieses Buchs. Viele von diesen Farbkompositionen weisen lediglich feine Unterschiede auf. Sie spielen mit Ton, Schattierung und Nuancen und erbringen den Beweis dafür, daß streng aufeinander abgestimmte Farbkonzepte der Vergangenheit angehören. Farben, die wirklich zusammen funktionieren, erzeugen eine spürbare Harmonie. Den Zahlen unter jeder Palette können Sie entnehmen, auf welchen Seiten Sie zu diesen Farben Abbildungen von Einrichtungsideen und Innenräumen finden.

Seite 44–45 Naturleinen   **Seite 52–53 Rohseide und Kaschmir**

Farbauswahl

Mit verschiedenen Farben und Nuancen für Wände, Stoffe und Möbel zu experimentieren, gehört ebenso zum Dekorieren wie das Streichen der Wände selbst. Das Auswählen der Farbe sollte ein angenehmer Prozeß sein, der ruhig ein wenig Zeit in Anspruch nehmen darf. Auf diese Weise kann man sich die Enttäuschung ersparen, daß die Farbe, mit der man gerade eine komplette Wand gestrichen hat, ganz und gar nicht so aussieht, wie man es sich vorgestellt hatte.

Seite 50–51 Klassische Eleganz   **Seite 60–63 Hot Chocolate**

Seite 60–63 Hot Chocolate

Seite 60–63 Hot Chocolate

Seite 64–65 Terrakotta, Honig und Stahl

Seite 66–67 Mokkalaune

Seite 68–69 Stein und Stahl

Seite 70–71 Zimt und Nelken

Seite 78–79 Pretty in Pink

Seite 80–81 Zarte Mimose

Seite 82–83 Wickenrosa

Außerdem ermöglicht es ein solches Vorgehen, Farbkombinationen auszuprobieren, die einem normalerweise nicht einfallen würden.

Um herauszufinden, welche Töne für ein Zimmer die richtigen sind, schauen Sie sich den Raum und das, was hinein soll, gut an, und überlegen Sie, wie Sie sowohl Raum als auch Inhalt am besten mit Farbe aufwerten können. Entscheiden Sie, ob eine Ihrer Lieblingsfarben in Frage kommt, und berücksichtigen Sie, wer den Raum benutzen wird. Meist hat man mehrere gute Ideen, die, wenn man sie miteinander vergleicht, wiederum völlig neue Kombinationen hervorbringen. Häufig gibt es einen klar definierten Ausgangspunkt, etwa ein Sofa oder bestimmte Vorhänge. Richtet man die Wohnung neu ein, sollte man sich nicht dazu verleiten lassen, ein Sofa in der einen und eine Kommode in einer ganz anderen Farbe aufzustellen, da das Farbkonzept ansonsten durch die Möbel diktiert wird und nicht umgekehrt.

Nehmen Sie Ihr visuelles Tagebuch zu Hilfe, um herauszufinden, welche Farbkombination Ihnen wirklich gefällt. Sobald Sie sich darüber im klaren sind, kaufen Sie einige sehr kleine Dosen mit Farbe und experimentieren mit Größe und Raum. Verwenden Sie einen Pappkarton als Raummodell, und malen Sie alle Oberflächen so an, wie Sie es in Wirklichkeit tun würden. So können Sie prüfen, welche Farben das Licht reflektieren und welche es absorbieren.

Der Farbanstrich

Farben sind beim Dekorieren, was frische Zutaten beim Kochen sind – kraftvolle und vielfältig einsetzbare Mittel, die, richtig angewandt, Erstaunliches vollbringen. Farben sind in so vielen Schattierungen

Seite 92–95 Küstenpfade   **Seite 96–97 Strandoase**

Seite 98-99 Bucht und Dünengras   **Seite 100–101 Sommerhimmel**

Seite 92–93 Küstenpfade   **Seite 104–105 Meeresbrise**

124

Seite 112–115 East meets West   **Seite 116–117 Glanz und Glorie**   **Seite 118–119 Passion in Purpur**

und unterschiedlichen Qualitäten erhältlich, daß man für eine neue Raumgestaltung nicht nur mit dem Ton, sondern auch mit der Art der Farbe experimentieren sollte. Kleinere, glänzend gestrichene Flächen definieren Raumelemente und lassen sie deutlich hervortreten, während matte, kalkige Farben auf Wasserbasis die Textur von Möbeln und Türen unterstreichen. In einem klaren, monochromatischen Farbkonzept kann man mit verschiedenen Arten von Wohnraumfarbe geschickt Akzente setzen.

Die Industrie bringt ständig neue Farben mit neuen Namen und Eigenschaften hervor. Da die große Vielfalt leicht verwirren kann, sollte man sich merken, daß Farben entweder auf Wasser- oder auf Ölbasis hergestellt und dementsprechend für verschiedene Oberflächen geeignet sind. Nachstehend stellen wir Ihnen die wichtigsten Gruppen vor.

Farbe auf Wasserbasis, gewöhnlich als Dispersionsfarbe bezeichnet, ist leicht aufzutragen, schnelltrocknend und umweltgerecht. Dispersionsfarben sind waschfest, aber in der Regel nicht abwaschbar. Sie sind empfindlicher als die meisten Farben auf Ölbasis. Matte Dispersionsfarbe ergibt eine glatte Oberfläche, ist preisgünstig, schnell zu streichen und gut zu überstreichen. Daher ist sie genau die richtige Wahl für den Wandanstrich. Sie läßt sich mit Wasser zu Farbtünche verdünnen und eignet sich auch als Untergrund für

andere Farben. Für eine halbglänzende Wandoberfläche empfiehlt sich seidenmatte Latexfarbe. Sie ist unempfindlicher und besser abwaschbar als Dispersionsfarbe.

Farben auf Ölbasis, im allgemeinen als Lacke bezeichnet, trocknen langsamer als Dispersionsfarben, sind aber unempfindlicher und haltbarer. Sie werden normalerweise eher für Holzwerk, Möbel und Böden als für Wände verwendet und eignen sich auch für Metall. Sie verleihen Holzarbeiten ein exzellentes Finish, lassen allerdings – zumindest in der Hochglanzvariante – fehlerhafte Stellen stärker hervortreten als Dispersionsfarbe und sollten nur auf sauberem, glattem Untergrund verwendet werden.

Klarlack

Klarlack ist ideal als Schutzüberzug für Farbanstriche auf Wasserbasis und verleiht je nach Art des Lacks einen matten oder strahlenden Glanz. Wasserlösliche Klarlacke sind umweltfreundlicher als die Varianten auf Ölbasis. Öllacke, insbesondere Bootslack, sind extrem haltbar, besitzen jedoch einen unübersehbaren gelben oder braunen Stich, der den Ton der Dekorationsfarbe verändert und aus Hellblau schnell Hellgrün werden läßt. Probieren Sie daher die Wandfarbe mit verschiedenen Klarlacken auf einem Stück Pappe aus, bevor Sie mit dem Anstrich beginnen.

Adressen

Farben & Lacke

Auro Pflanzenchemie
Alte Frankfurter Str. 211
38122 Braunschweig
Tel. 05 31/2 81 41-0
Fax 05 31/2 81 41-61
http://www.auro.de
Naturfarben

Beeck'sche Farbwerke
Postfach 81 02 24
70519 Stuttgart
Tel. 07 11/90 02 00
Fax 07 11/9 00 20 10
http://www.beeck.de
Naturfarben, Mineralfarben

Biofa Naturprodukte
Dobelstr. 22
73087 Boll
Tel. 0 71 64/94 05-0
Fax 0 71 64/94 05 96
http://www.biofa.de

Caparol
Roßdörfer Str. 50
64372 Ober-Ramstadt
Tel. 0 61 54/71-0
Fax 0 61 54/7 12 22
http://www.caparol.de
Farben und Lacke

Designers Guild
Dreimühlenstr. 38 a
80469 München
Tel. 0 89/2 31 16 20
Fax 0 89/23 11 62 66
http://www.designersguild.com
*Dispersionsfarben, auch
Tapeten und Stoffe*

Glasurit
Vitalisstr. 198–226
50827 Köln
Tel. 02 21/5 88 10
Fax 02 21/5 88 15 15
Lacke

Farbenzentrale Zürich
Hardstr. 35
CH-8004 Zürich
Tel. 00 41/1/4 93 47 57
Fax 00 41/1/4 93 47 56
http://www.farbenzentrale.ch
Versand von Farben jeder Art

Kreidezeit Naturfarben
Hindenburgstr. 15–16
31195 Lamspringe
Tel. 0 51 83/56 51-2
Fax 0 51 83/56 53

ICI Dulux
Postfach 940
40709 Hilden
Tel. 0 21 03/20 58 68
Fax 0 21 03/20 58 62
http://www.dulux.de
*Dispersionsfarben und
Lacke*

Sefra
Schönbrunner Str. 47
A-1052 Wien
Tel. 00 43/1/5 88 41-0
Fax 00 43/1/5 88 41-25
http://www.sefra.co.at/sefra
*Vertrieb von Farben, Lacken
und Tapeten*

Sikkens
Werner-v.-Siemens-Str. 11
31515 Wunstorf
Tel. 0 50 31/96 10
Fax 0 50 31/96 12 74
http://www.sikkens.de
Farben und Lacke

Tapeten & Fliesen

Essener Tapetenimport
Klarastr. 35
45130 Essen
Tel. 02 01/21 10 27
Fax 02 01/29 27 83

*Tapeten u. a. aus England
und Frankreich*

Marburger Tapetenfabrik
Bertram-Schaefer-Str. 11
35274 Kirchhain
Tel. 0 64 22/81-0
Fax 0 64 22/81-223
http://www.marburg.com

Rasch
Raschplatz 1
49565 Bramsche
Tel. 0 54 61/81-0
Fax 0 54 61/8 11 15
http://www.rasch.de
Tapeten

Steuler Fliesen
Industriestr. 78
75417 Mühlacker
Tel. 0 70 41/80 10
Fax 0 70 41/80 12 16

Villeroy & Boch
Postfach 11 20
66688 Mettlach
Tel. 0 68 64/81-0
Fax 0 68 64/81 26 92
Fliesen für Wand und Boden

Stoffe

Christian Fischbacher
Simonshöfchen 27
42327 Wuppertal
Tel. 02 02/73 90 90
Fax 02 02/7 39 09 35
http://www.fischbacher.ch/

Création Baumann
Paul-Ehrlich-Str. 7
63128 Dietzenbach
Tel. 0 60 74/37 67-0
Fax 0 60 74/37 67 11
http://www.
creationbaumann.com

Kinnasand
Postfach 13 68
26643 Westerstede
Tel. 0 44 88/51 60
Fax 0 44 88/5 16 16

Nya Nordiska
Postfach 12 80
29446 Dannenberg
Tel. 0 58 61/8 09 33
Fax 0 58 61/8 09 10
http://www.nya-nordiska.de

Osborne & Little
Josephspitalstr. 6
80331 München
Tel. 0 89/2 36 60 00
Fax 0 89/2 60 60 01

Rasch Textil
Postfach 13 53
49565 Bramsche
Tel. 0 54 61/80 70
Fax 0 54 61/8 12 00

Stoffkontor
Große Bleichen 31
Kaufmannshaus
20354 Hamburg
Tel. 0 40/3 48 06 06
Fax 0 40/3 48 06 05

Bodenbeläge

Crucial Trading
Am Kiekeberg 34
22587 Hamburg
Tel. 0 40/86 91 82
Fax 0 40/86 25 90

Haro Parkett
Postfach 10 03 53
83003 Rosenheim
Tel. 0 80 31/70 00
Fax 0 80 31/70 01 99
http://www.haro.de

JAB Anstoetz Teppiche
Postfach 70 67
32030 Herford-Elverdissen
Tel. 0 52 21/77 40
Fax 0 52 21/7 74 52
http://www.jab.de

Kinnasand
Osmo
Postfach 63 40
48033 Münster
Tel. 02 51/69 20
Fax 02 51/69 22 59
http://www.osmo.de

Tretford
Postfach 292
46464 Wesel
Tel. 02 81/8 19 10
Fax 02 81/8 19 38
http://www.tretford.de

Vorwerk-Teppichwerke
Kuhlmannstr. 11
31785 Hameln
Tel. 0 51 51/10 30
Fax 0 51 51/10 33 77
http://www.vorwerk.de

Accessoires

B & J Wohnkultur
Innstr. 56
83022 Rosenheim
Tel. 0 80 31/39 32 04
http://www.bj-online.de

Gunther Lambert
Postfach 33 01 59
41222 Mönchengladbach
Tel. 0 21 66/8 68 30
Fax 0 21 66/86 83 39
http://www.gunther-
lambert.com

Ikarus
Kleinbahnweg 2
63589 Linsengericht
Tel. 0 60 51/7 10 42
Fax 0 60 51/7 11 14
http://www.ikarus.de

Impressionen Versand
Strandbaddamm 4
22877 Wedel
Tel. 01 80/5 23 23 41
Fax 01 80/5 23 23 42
http://www.impressionen.de

Kirchner Versand
25899 Kleiseerkoog

Tel. 0 46 61/2 05 41
Fax 0 46 61/23 94

Zoeppritz Deckenmode
Postfach 19 68
89509 Heidenheim
Tel. 0 73 21/9 50 00
Fax 0 73 21/06 30 10

Beleuchtung

Artemide
Itterpark 5
40724 Hilden
Tel. 0 21 03/20 00-0
Fax 0 21 03/20 00-11
http://www.artemide.de

Belux
Bremgarterstr. 109
CH-5610 Wohlen
Tel. 00 41/56/6 18 73 73
Fax 00 41/56/6 18 73 27
http://www.belux.ch

Erco Leuchten
Brockhauser Weg 80–82
58507 Lüdenscheid
Tel. 0 23 51/55 10
Fax 0 23 51/55 13 00

Ingo-Maurer-GmbH
Kaiserstr. 47
80801 München
Tel. 0 89/38 16 06 0
Fax 0 89/38 16 06-20
http://www.
ingo-maurer.com

Milano
Schmale Str. 12
70173 Stuttgart
Tel. 07 11/29 29 29
Fax 07 11/29 33 83
http://www.milano.de
auch Möbel

Oligo Lichttechnik
Meystr. 22–24
53773 Hennef
Tel. 0 22 42/87 02-0
Fax 0 22 42/87 02-88
http://www.oligo.de

serien Raumleuchten
Hainhäuser Str. 3–7
63110 Rodgau
Tel. 0 61 06/1 34 80
Fax 0 61 06/1 88 04

Möbel

Behr International
Postfach 12 54
73237 Wendlingen
Tel. 0 70 24/4 13 21
Fax 0 70 24/4 13 40
http://www.behr-
international.de

Brühl & Sippold
Postfach 13 40
95134 Bad Steben
Tel. 0 92 88/95 50
Fax 0 92 88/9 55 99
http://www.bruehlsippold.de

Busnelli
via Kennedy, 34
I-20020 Misinto (MI)
Tel. 00 39/02/96 32 02 21
Fax 00 39/02/96 32 93 84
http://www.busnelli.it

COR Sitzmöbel
Nonenstr. 12
33378 Rheda-Wiedenbrück
Tel. 0 52 42/4 10 20
Fax 0 52 42/41 02 34
http://www.cor.de

D-TEC Industriedesign
Teueringstr. 5
40597 Düsseldorf
Tel. 02 11/9 96 94 10
Fax 02 11/7 18 49 40

Flötotto
Postfach 60 04
33281 Gütersloh
Tel. 0 52 09/5 91 02
Fax 0 52 09/59 12 70
http://www.floetotto.de

Habitat
Berliner Allee 15
40212 Düsseldorf

Tel. 02 11/8 65 09 13
Fax 02 11/13 50 14
http://www.habitat.de

Hasag
Salzburger Str. 101
A-4800 Attnang-Puchheim
Tel. 00 43/76 74/6 26 71 0
Fax 00 43/76 74/6 21 42
http://www.hasag.at

Hülsta
48702 Stadtlohn
Tel. 0 25 63/86 12 73
Fax 0 25 63/86 14 00
http://www.huelsta.de

IKEA
Tel. 01 80/5 51 52
Fax 01 80/5 35 34 36
Adressen in Deutschland
über http://www.ikea.de,
in Österreich und der Schweiz
über http://www.ikea.com

Interlübke
Ringstr. 145
33378 Rheda-Wiedenbrück
Tel. 0 52 42/1 21
Fax 0 52 42/1 22 06

Jutzler
Bahnhofstr. 6E
CH-3414 Oberburg
Tel. 00 41/3 44 28 31 22
Fax 00 41/3 44 28 31 13
http://www.jutzler.ch

Klenk Collection
Postfach 11 62
72219 Halterbach
Tel. 0 74 56/93 82 0
Fax 0 74 56/93 82 40
http://www.klenk-collection.de

ligne roset
79194 Gundelfingen
Tel. 07 61/59 20 90
Fax 07 61/58 15 18
http://www.ligne-roset.de

Lundia
Postfach 11 33
23858 Reinfeld

Tel. 0 45 33/70 44-0
Fax 0 45 33/70 44 50
http://www.lundia.de

Möller Design
Postfach 520
32605 Lemgo
Tel. 0 52 61/8 80 17
Fax 0 52 61/8 92 18

Musterring International
Hauptstr. 134–140
33378 Rheda-Wiedenbrück
Tel. 0 52 42/5 92 01
Fax 0 52 42/59 21 49
http://www.musterring.de

Omnia
Postfach 23 53
32713 Detmold
Tel. 0 52 31/74 30
Fax 0 52 31/74 33 40
http://www.omnia.de

Parador
Postfach 17 26
48637 Coesfeld
Tel. 0 25 41/73 62 18
Fax 0 25 41/73 62 13
http://www.parador.de

Poliform
via Montesanto, 28
I-Inverigo (CO)
Tel. 00 39/0 31/69 51
Fax 00 39/0 31/60 04 44
http://www.poliform.it

Reinhard AG
Allmendstr. 1
CH-6072 Sachseln
Tel. 00 41/41/6 60 33 22
Fax 00 41/41/6 60 12 74

Rolf Benz
Heiterbacher Str. 104
72202 Nagold
Tel. 0 74 52/60 10
Fax 0 74 52/60 12 91
http://www.rolf-benz.de

Seefelder Möbelwerkstätten
Bahnhofstr. 8
82229 Seefeld

Tel. 0 81 52/9 90 00
Fax 0 81 52/99 00 99
http://www.seefelder.com

Shaker Möbel
Geiststr. 50
59302 Oelde
Tel. 0 25 22/06 16 60
Fax 0 25 22/96 16 61
http://www.shaker-furniture-
oelde.de

**The Iron Bed
Company**
Sandkaute 7
61184 Karben
Tel. 0 18 05/21 45 47
Fax 0 60 39/4 45 32

Thonet
Berggasse 31
A-1092 Wien
Tel. 00 43/1/3 10 20 02
Fax 00 43/1/3 10 20 02 11
http://www.thonet-
vienna.co.at

Vifian
Freiburgstr. 32
CH-3150 Schwarzenburg
Tel. 00 41/31/7 31 11 51
Fax 00 41/31/7 31 27 47
http://www.vifian.ch

Völker Design
Feldstr. 14
96237 Ebersdorf
Tel. 0 95 62/38 00
Fax 0 95 62/3 80 50
http://www.voelker-design.de

WK Wohnen
Postfach 20 03 35
70752 Leinfelden-
Echterdingen
Tel. 07 11/9 90 60
Fax 07 11/9 90 62 47
http://www.wk-wohnen.de

Wittmann
A-3492 Etsdorf
Tel. 00 43/27 35/28 71
Fax 00 43/23 75/28 77
http://www.wittmann.at

Bildnachweis

2 Decke: Interiors Bis 3 Farben: Farrow & Ball 4–5 Bett, Bettwäsche und Tisch: Interiors Bis, Zylindrisches Holzgefäß: David Champion 6 Sally Butlers Haus in London 8 Schokolinsen: The Chocolate Society 14–15 Kissen: The General Trading Company 18–19 Vasen: John Dawson, Contemporary Ceramics, Farbe: 'Plum Brandy', Paint Library; 20 oben Zylindrisches Holzgefäß: David Champion, fotografiert von William Abranowicz 21 Seife und Schale: David Champion 22–23 Siobhan Squires und Gavin Lyndseys Loft in London, gestaltet von Will White, 326 Portobello Road, London W10 5RU, Tel. 00 44/1 81/9 64 80 52 26–27 Kissen und Tuch: The General Trading Company 30–31 Siobhan Squires und Gavin Lyndseys Loft in London, gestaltet von Will White, 326 Portobello Road, London W10 5RU, Tel. 00 44/1 81/9 64 80 52 38 Farbe: Farrow & Ball, Spezialmischung von 'Off White No. 3' und 'Dead Salmon Nr. 28', Holz 'Offwhite No. 3', Kissenstoff und Stuhlbezug: Livingstone Studio 40 Bettwäsche: The White Company 40 unten links Schrank und Stuhl: Josephine Ryan 46 Tischdecke und Kerzen: Interiors Bis 46–47 Roger und Fay Oates Haus in Herefordshire, The Long Barn, Eastnor, Ledbury, Herefordshire HR8 1EL, Tel. 00 44/15 31/ 63 27 18, Bodenbelag, Teller, Platzdeckchen und Gläser: Roger Oates 48 links Kissen: Livingstone Studio 48 Mitte Keramikwaren: Gilda Westerman, Contemporary Ceramics 48 rechts Stuhl: Josephine Ryan, Paravent: Catherine Nimmo, Farbe: Dulux 49 Haus in London, gestaltet von Charles Rutherfoord, 51 The Chase, London SW4 0NP, Tel. 00 44/ 171/6 27 01 82 50–53 Keith Vartys und Alan Cleavers Appartement in London, gestaltet von Jonathan Reed/Reed Boyd, Tel. 00 44/1 71/5 65 00 66 55 Schokolade: The Chocolate Society 64 links Bild von David Champion 64 oben Haus in London gestaltet von Charles Rutherfoord, 51 The Chase, London SW4 0NP, Tel. 00 44/171/6 27 01 82; 64 unten Stühle: Twentieth Century Design 65 links Lederwürfel: Succession; 65 oben rechts Bambusteller: David Champion 65 rechts Mitte Bambusschale: David Champion 65 unten rechts Stoff: William Yeoward, Interiors Bis, Carden Cunietti 66 oben Bett, Bettwäsche und Tisch: Interiors Bis 66 Mitte Kissen und Decke: Interiors Bis 66 unten Schokolinsen: The Chocolate Society 67 Farbe: Dulux, Keramik: Egg, fotografiert von William Abranowicz, Holzgefäß: David Champion 68–69 Haus in London, gestaltet von Charles Rutherfoord, 51 The Chase, London SW4 0NP, Tel. 00 44/171/6 27 01 82 68 oben links Stuhl, Schale und Seifen: David Champion 68 oben rechts Bademantel: The Source 69 Vanilleseife: Egg, Seifenstücke: David Champion 70 oben Loft in London, gestaltet von Robert Dye Associates, Stühle: Twentieth Century Design, Holzgefäße: David Wainwright, Bambusteller, Schale und Keramikschalen: David Champion; 70 unten Schokoladentrüffel und Kakaopulver: The Chocolate Society 78 Steppdecke: The Gallery of Antique Costume & Textiles, braune Decke: Tobias & The Angel, rosafarbene und braune Bettüberwürfe: Valerie Wade 78–81 Roger & Fay Oates Haus in Herefordshire, The Long Barn, Eastnor, Ledbury, Herefordshire HR8 1EL, Tel. 00 44/15 31/63 27 18 80 Stoffe: Roger Oates 81 unten Stuhl: Josephine Ryan 82 Vasen: Gilda Westerman, Contemporary Ceramics 83 Farbe: Paint Library, Bezüge: Livingstone Studio 83 rechts Mitte Lampe: Valerie Wade, Bild: Zoë Hope, Tisch: Josephine Ryan 84 ganz links Schalen: Julie Goodwin 84 Mitte rechts Seide:

Catherine Nimmo 84 große Fotos Becher, Zigarrenkisten, Kasten, Brieföffner: Bentleys, Tisch: Nordic Style 92–93 Roger und Fay Oates Haus in Herefordshire, The Long Barn, Eastnor, Ledbury, Herefordshire HR8 1EL, Tel. 00 44/15 31/63 27 18, Bodenbeläge: Roger Oates 94–95 oben Haus in London, gestaltet von Charles Rutherfoord, 51 The Chase, London SW4 0NP, Tel. 00 44/1 71/6 27 01 82 94 oben rechts Vase und Gefäß: Edmund de Waal, Tisch: Nordic Style 94–95 unten Roger & Fay Oates' Haus in Herefordshire, The Long Barn, Eastnor, Ledbury, Herefordshire HR8 1EL, Tel. 00 44/15 31/63 27 18 95 oben Roger und Fay Oates' Haus in Herefordshire, The Long Barn, Eastnor, Ledbury, Herefordshire HR8 1EL, Tel. 00 44/15 31/63 27 18 95 unten links Stuhl: Katherine Pole 95 unten rechts Schale: Sue Paraskeva 96–97 Loft in London, gestaltet von Robert Dye Associates 96 unten links Stühle, Tisch und Leiter: Catherine Nimmo, Farbe: 'Tablecloth', Paint Library 97 rechts Mitte Decken: The Cross 97 unten rechts Keramikvasen: Carden Cunietti 99 Farbe: Farrow & Ball, Boden 'Mouse's Back floor paint No. 40', Schränke 'Green Smoke No. 47' und 'Red Fox No. 48', Wände und Holz 'String No. 8', Decke 'Off White No. 3' 100 oben Mitte und rechts Gefäße: Sue Paraskeva 101 Farbe: Paint Library; Schalen: Livingstone Studio 102 Rosafarbene Becher: Christopher Farr 102–103 oben Roger und Fay Oates Haus in Herefordshire, The Long Barn, Eastnor, Ledbury, Herefordshire HR8 1EL, Tel. 00 44/15 31/63 27 18 102–103 unten Farbe: Farrow & Ball, Wände 'Old White No. 4', Holz und Paneelen 'Light Gray No. 17', Bettüberwurf aus Seide: Jagtar 103 oben Farbe: Farrow & Ball, Wände 'Bone No. 15' 104–105 Siobhan Squires und Gavin Lyndseys Loft in London, gestaltet von Will White, 326 Portobello Road, London W10 5RU, Tel. 00 44/1 81/9 64 80 52 112 Teller: David Champion, Kissen und Überwurf: Pierre Frey; 113 Behälter aus Reisstroh: Kara Kara 114 Überwurf: Pierre Frey, großer roter Reisstrohkorb: Snap Dragon, schwarze Reisstrohgefäße: Kara Kara 115 unten rechts rote Teller: David Champion 116–117 Sally Butlers Haus in London 117 Foto von Michael Hoppen, galvanisierte Tonne: Catherine Nimmo 118 Schwarze Becher: David Champion, Decke: Interiors Bis 119 oben rechts Farbe: 'Plum Brandy', Paint Library, Vasen: John Dawson, Contemporary Ceramics 120–121 Roger und Fay Oates' Haus in Herefordshire, The Long Barn, Eastnor, Ledbury, Herefordshire HR8 1EL, Tel. 00 44/15 31/63 27 18.

Danksagung der Autorinnen

Wir bedanken uns bei Page Marchese Norman und ihren Assistentinnen Sally Conran und Kitty Percy sowie bei Tom Leighton und seinen Assistenten Simon Thorpe und Greg Walker für die gute Zusammenarbeit.

Außerdem sei allen bei Ryland Peters and Small für ihr großes Engagement gedankt: Jacqui Small, Anne Ryland, Paul Tilby, Caroline Davison, Nadine Bazar, Kate Brunt und Karina Garrick.

Unser Dank gilt nicht zuletzt all jenen, die uns ihre Wohnung oder ihr Haus für Aufnahmen zur Verfügung gestellt haben.